인문학시민강좌 06

바다와 섬의 인문학
: '지구(地球)'에서 '해구(海球)'로의 인식 전환

인하대학교 한국학연구소 편

　　인하대학교 한국학연구소는 1986년 설립된 이래 어학, 문학, 역사, 철학, 종교, 문화를 중심으로 한국학의 제반 학문분야에 대한 연구를 꾸준히 수행해 왔습니다. 특히 2007년부터는 '동아시아 상생과 소통의 한국학Koreanology for East-Asia Community'이라는 아젠다Agenda를 가지고 공동연구를 진행하고 있습니다. 우리 연구소는 이러한 아젠다를 인천지역 시민과 소통하기 위해 연구소의 연구역량을 모아 2009년 하반기부터 〈인천시민인문학강좌〉를 개설·운영하고 있습니다. 본 강좌는 우리 연구진의 비판적 문제의식을 제시하고 시민과 함께 호흡하면서 인문학의 사회적 소통을 도모하고자 기획한 것입니다.

　　이번에 내놓는 〈인문학시민강좌 06〉은 2014년도 하반기에 "바다와 섬의 인문학: '지구地球'에서 '해구海球'로의 인식 전환을 위하여"라는 주제 아래 진행된 총 8강의 내용을 수정, 보완하여 묶었습니다. 이 기획은 〈인천시민인문학강좌〉를 운영하는 네 분야(인문학, 한국학, 동아시아, 인천) 가운데 인문학에 해당됩니다.

　우리가 살고 있는 지구는 육지보다 바다가 차지하는 면적이 더 많습니다. 이런 점에서 '지구地球'가 아닌 '해구海球'로 불러야 한다는 역발상은 나름 설득력을 지닙니다. 더군다나 우리나라는 한반도韓半島라는 지명에서도 알 수 있듯이 3면이 바다와 접하고 있습니다. 이는 국가의 경영 방침에 바다를 무시하면 안 된다는 절대적 과제를 부여받은 것이기도 합니다.

　그런데 우리의 역사를 돌이켜 보면 그 이전 시대와 달리 조선시대에 들어서면서 유난히 바다보다는 육지 중심으로 국가를 경영하였으며, 이러한 편협은 오늘날에도 크게 변한 게 없는 것 같습니다. 더군다나 최근에 해상에서 벌어진 크고 작은 사고·사건들과 그에 대한 대처 인식(즉, 기만) 및 능력(즉, 무책)을 보면, 우리에게 부여된 '해양/해륙국가 건설'이라는 절대적 과제를 해결하려는 노력도 없거니와 오히려 외면하는 것은 아닌가 걱정됩니다.

　이 책에서는 해양문화 및 해양사에 대한 인식의 필요성,

한민족의 역사적 해양활동, 전통시대에서 근대로 이어지는 (인천)섬의 역할/가치 변환, 교동도喬桐島로 유배된 조선의 왕족들, (인천)섬 사람들의 말과 인천 문학 등, 인문학의 영역에서 접근한 7편의 글에다가 생태환경 관련 글을 교접하였습니다. 특히 새로운 인문학 영역으로 '해양문화'를 자리매김하고 확산시켜야 한다는 강변(?)도 발견하실 수 있을 것입니다.

이 책을 통해 바다와 섬은 어떻게 인식되었으며 그 곳이 지닌 인문적 가치는 무엇인가? 그리고 바다와 섬은 우리에게 과연 어떤 미래향未來鄕인가? 등등을 곰곰이 생각하게 해주리라 봅니다.

강좌뿐 아니라 이 책의 기획과 간행의 모든 과정은 본 연구소의 임학성 교수가 맡았으며, 강좌가 성공적으로 개설·진행된 데에는 인천광역시립박물관의 적극적인 협력이 없었으면 불가능했습니다. 특히 강좌 진행을 위해 애써준 본 연구소의 김경화, 손민환 연구원, 인천시립박물관의 안

성희, 신은영 학예사께도 감사의 말씀을 전합니다.

또한, 어려운 출판 상황에서도 인문학 발전에 기여코자 하는 일념으로 꾸준히 〈인문학시민강좌〉를 출판해 주는 글로벌콘텐츠 홍정표 대표이사님과 편집팀에게도 감사를 드립니다.

모쪼록 이번 교양총서가 우리나라의 해양문화에 대한 지적 확산과 관심을 제고시키는 데 일조할 수 있기를 기대합니다.

2016년 12월

인하대학교 한국학연구소

소장 김만수

contents

해양문화의 법고창신法古創新
: 육지중심사관에서
해양중심사관으로의 전환

주강현

경희대학교에서 민속학 전공으로 문학박사 학위를 받았으며, 고려대 문화재학박사과정을
수료했다. 한국역사민속학회 회장을 역임하고 현재 제주대 석좌교수, 아시아퍼시픽해양문화
연구원(APOCC) 원장, 해양수산부 해양르네상스위원회 위원장 등으로 활동 중이다. 최근에
저술한 주요 저서로는 『독도강치 멸종사』(2016), 『환동해 문명사』(2015), 『조선사람
표류기』(2013), 『유토피아의 탄생』(2012), 『적도의 침묵』(2008), 『독도견문록』(2008),
『등대: 제국의 불빛에서 근대의 풍경으로』(2007), 『돌살: 신이 내린 황금그물』(2006),
『관해기(Ⅰ, Ⅱ, Ⅲ)』(2006), 『두레: 농민의 역사』(2006), 『제국의 바다 식민의 바다』
(2005) 등 다수가 있다.

해양문화의 법고창신法古創新

: 육지중심사관에서 해양중심사관으로의 전환

해륙국가 한반도의 선택

기마민족설은 매우 타당하다. 그러나 그 타당성은 역사적으로 이야기할 때만 타당하다. 한반도는 대륙에 붙은 대륙국가의 일부이지만, 동시에 바다로 나아간 해양국가, 즉 반도로서의 해륙海陸국가적 속성을 지닌다. 대륙에 붙었다는 인식도 바꾸어야 한다. 바다로 진출하였다고 표현한다면… 가령, 제주도는 한반도에 딸린 섬이 아니라 태평양으로 진출한 섬이다.

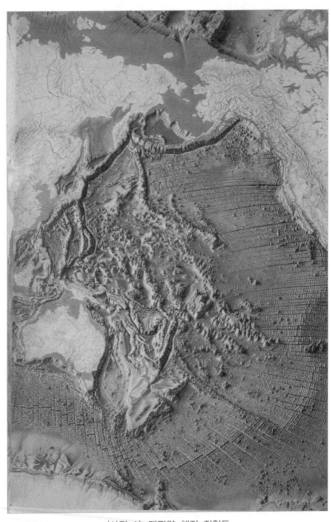

〈사진 1〉 태평양 해저 지형도

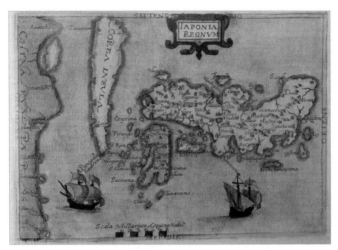

〈사진 2〉 한반도가 길쭉한 섬으로 표시된 옛 유럽지도

결론부터 말하자면, 한반도가 바다로 나아갔을 때는 흥하였고, 육지로 돌아왔을 때는 망하였다. 19세기 말 외침하는 세력은 모두 해양국가들이었고, 한반도는 폐쇄된 상태에서 침략을 당하였다. 역사적 교훈은 냉엄하기 그지없다. 오늘날 한반도를 둘러싼 제국의 운명이 그러하다. 하지만 우리는 한때 해양수산부도 없애버리고 육지로 다시금 기어들었던 적도 있다. 민족의 운명이 약진하지 못할 처지이다.

한반도는 자원 빈국貧國이다. 따라서 광활한 바다를 바라보아야 산다. 게다가 범지구적으로 해양생태계의 생명부양

시스템으로서의 중요성이 압도적으로 커지고 있다. 지구 온난화와 해수면 상승, 남·북극 빙하의 녹아내림, 맹그로브·산호초·갯벌 등 해안 습지의 소멸과 CO_2의 급증, 게다가 해양주권을 둘러싼 국제사회의 전쟁을 불사할 갈등이 지속되고 있다. 한반도 주변 해역 만해도 바다를 둘러싼 남북한의 갈등은 물론이고 한일 간의 독도·동해표기법, 중국과의 이어도 및 미완성의 대륙붕 문제, 특히 미일을 중심으로 한 대중국 봉쇄의 그레이트 게임The Great Game 등이 펼쳐지는 상황이다. 근년에 벌어지는 바다를 둘러싼 여러 굵직한 사건들, 가령 독도문제나 남중국해를 둘러싼 중국과 미국, 일본의 대결들은 왜 해양이 통합적으로 유지되어야하는 것을 보여주는 작은 사례일 뿐이다.

이하, 10여 개의 코드로 한반도의 필연적인 해양력을 검토해보기로 한다. 본 글에서 역사를 주제로 선택한 것은, 지나간 역사야말로 내일의 거울이기 때문이다. 중국, 러시아, 일본, 미국 등 한반도를 둘러싼 제국의 해양력이 날로 커져가고 한반도를 에워싸는 형상이다. 한반도의 선택은 무엇인가?

오션코드 1. 해양사와 육지사

해양사는 있어도 '육지사'란 말은 없다. 인류사는 어차피 육지중심이므로 구태여 '육지사'란 말이 필요 없기 때문이다. 그러나 육지중심사관을 조금만 뒤집어보면 역사는 전혀 달리 보인다. 지구의 7할 이상이 바다라는 수치를 들이밀 것도 없다. 고대 그리스의 에게문명은 두말할 것 없이 바다의 역사이다. 15~16세기 대항해시대에 펼쳐진 거대한 드라마는 인류사를 송두리째 바꾸었다. 600년 전 정화鄭和의 남해대원정은 중국사를 전혀 다르게 서술할 수 있게 한다.

〈사진 3〉 포르투갈의 리스본해양박물관

한국사는? 물론 육지 중심이다. 가령, 하나의 사례를 뽑아보자. 1018년, 동북 여진 떼도둑이 우산국于山國을 침입한 기사가 『고려사절요高麗史節要』에 등장한다. 이 짧은 기사는 해양사적으로 중요한 의미를 지닌다. 여진족사 역시 오로지 육지중심사로만 서술하고 있으나 그네들은 두만강 하구에서 동해로 진출하고 있었다. 이 글을 쓰면서 1019년 3월 27일, 50여 척의 여진족들이 대마도·이키는 물론이고 북큐슈를 절단 낸 기사를 일본에서 찾아냈다. 이들 무리는 울릉도를 들이친 무리들이 내려온 것으로 여겨진다. 적의 정체를 도대체 알 수 없었기에 고려 말로 만이蠻夷를 뜻하는 '도이의 적刀伊の敵'이라 불렸다. 배 한 척에 60여 명이 탔으니 3천여 명의 대군이었다. 이키壹岐를 들이치고 큐슈 북부의 사쿠센국筑前國, 시마군志摩郡, 하카다博多, 노고도能古島, 마쓰우라松浦를 공략하고 대마도를 거쳐서 되돌아갔다. 남녀 살상 6백 수십 인, 포로 1천 2백 수십 인, 380두의 우마, 다량의 민가 소각 등의 막대한 피해를 입혔다.

함경도 북쪽의 여진족이 울릉도를 들이치고 동해를 관통하여 일본을 들이친 다음에 유유히 되돌아갔다! 발해국이 동해를 가로질러 일본과 활발한 교류를 하였음을 생각한다면 새삼스러운 일도 아니었다. 본 강의의 키워드는 이 같은 사례에서 입증되듯 해양중심의 역사관으로의 인식전환을 요청하는 것이다. 페르낭 브로델Fernand Braudel은『물질문명과 자본주의』에서, 세계를 다루면서 세계가 어쩌면 이토록 기존의 도식적인 구분법만으로 이루어지지 않았음을 알고 스스로 놀랬다. 그의 '필립2세시대의 지중해와 지중해세계'에 비견되는 역사서술이 삼면이 바다인 한반도에서는 아직 출현할 기미도 보이지 않고 있다. 한반도를 둘러싸고 형성된 제국의 바다, 식민의 바다 역시 교과서 상식과는 다를 수밖에 없음을 고백하지 않을 수 없다.

오션코드 2. 변방과 중심에 관하여

1870년대, 일본 큐슈 최남단의 변방 중의 변방인 가고시마의 사쓰마번薩摩藩이나 시모노세키 주변 죠슈번長州藩 사람들은 누구나 한반도를 정벌하러 가야한다고 믿고 있었다. 메이지유신明治維新의 주역으로 중앙정부에 진출하였던 사이고 다카모리西鄕隆盛가 미련 없이 낙향하자 가뜩이나 불평불만에 가득 차있던 사무라이士族들이 그의 주위를 에워쌌다. 막부시절에는 나름대로 번주에게만 충성하면 밥 먹는데는 지장이 없었던 하급무사들에게 남은 것은 잘 나가는 칼자루 하나뿐이었다. 마침내 불꽃이 타올랐다. 일본 근세

사의 마지막 내전인 그 반란을 세인들은 세이난전쟁西南戰爭
이라 불렀다. 1877년의 전쟁으로부터 한 120여 년 쯤 뒤에
조금은 생뚱맞게 할리우드영화로 만들어졌으니 '라스트 사
무라이'가 그것이다.

가고시마는 분명히 변방이었다. 도요토미 히데요시豊臣秀
吉와 한판 붙고서도 죽지 않고 버텼던 '고슴도치' 같은, 작지
만 강력한 사쓰마는 일찍이 독립왕국 류큐를 병합하고 해
양제국 건설에 몰두했다. 사쓰마 군주들은 누구보다 재빨
리 문명개화에 나섰으니 이미 19세기에 바쿠후도 모르게
영국 유학생을 파견한다. 변방에서 최고의 선진적인 동력
이 가동되고 있었던 것이다.

역사는 말해준다. 변방을 주목하라! 제국과 식민이 교차
하는 변방의 바닷가로 가장 선진적인 사상·종교·과학기술,
심지어 전염병까지 들어왔으니 함부로 중앙과 변방을 차별
할 일이 못된다. 베이징에서 해금정책으로 강력하게 바다
를 통제하는 동안, 광쩌우 근역의 중국남부 바닷가에서는
해적들이 번성하여 새로운 역사를 쓰고 있었다. 포르투갈
과 네덜란드 배들이 밀어닥친 곳도 두말할 것 없이 바닷가
였다. 홍콩과 마카오, 심지어 한반도의 부산 왜관倭館과 진
해, 인천 같은 곳은 외국의 문물과 제국의 침략이 들어오는
최전선이기도 했다. 변방은 문명과 문명이 교차하는 열려

진 광장이었고 바닷길은 당대의 '하이웨이'였다.

오션코드 3. '안에서 바깥보기'와 '밖에서 들여다보기'

지난 19~20세기에 한반도에 치명타를 먹인 열강들은 모두 해양세력들이었다. 미국과 일본이 대표격이며, 프랑스·영국·포르투갈 등 여러 나라들이 직간접적으로 계류되어 있다. 세상의 모든 사태관측에는 안팎의 논리가 있는 법이다. 그동안 우리는 지나칠 정도로 안에서 바깥을 바라보는 시각에만 익숙해져 있다. 그러나 아예 시각을 바깥으로 돌려서 바다 건너 타자들을 주체로 인식하고 반대편에서 바라본다면 한반도 역사의 물마루도 훨씬 명료하게 보이지 않을까.

초등학생도 다 아는 『하멜표류기』를 읽는 올바른 독해법은 '암스테르담발發'이 아니라 '나가사키 데지마出島발'이어야한다. 암스테르담에서 출발하였음은 분명하지만, 목적지는 동인도회사의 바타이유와 나가사키 데지마 상관商館이었다. 수많은 배들이 당시 네덜란드가 건설한 포모사(타이완)를 거쳐서 나가사키로 나다녔으니 표류는 확률 상 필연적이었다. 한반도를 탈출한 하멜이 찾아간 곳도 데지마였으

〈사진 4〉 네덜란드의 전성기였던 17세기의 함대

며, 거기서 고국으로 돌아간다.

　일찍이 사비에르Francisco Javiar 신부가 가고시마 해변에 도
착한 이래로 천주교 포교가 이루어진다. 임진왜란 와중에
세스뻬데스Cespedes 신부가 웅천(진해)왜성倭城에 나타난다.

그는 1년여를 머물면서 "조선에서 보낸 편지"를 남긴다. 기독교 포교가 문제가 되자 포르투갈 대신에 네덜란드가 에도 바쿠후江戶幕府에 의해 선택되고 드디어 나가사키에 데지마가 열린다. 서구로 열린 창을 통하여 난학蘭學이 번성하고 일본은 근대를 준비하는 기회를 얻는다. 그의 한반도 표착은 결코 우연이 아니었다. 이와 같이 표착지점인 제주도가 아니라 데지마로부터 하멜을 다시 바라보는 독해법, 즉 밖에서 안으로 들여다보는 전술이 당대를 이해하는 올바른 길이 될 수 있다.

돌이켜보면, 15~16세기 대항해시대의 파장이 한반도에까지 강력하게 미치고 있었다. 히라도平戶에 처음 나타난 남만인南蠻人, 다네가시마種子島에 전해진 총, 도요토미 히데요시의 조선출병에 동원된 철포대鐵砲隊, 임진왜란 초기에 조총에 녹아나던 조선병사들… 이처럼 서양에서 밀려온 대항해의 파장이 한반도까지 엄습하였다. 다만 안타깝게도 우리만 그 실체를 정확하게 인식하지 못하였다. 안에서는 보이질 않는 세계사의 파장이 세계사란 총체적 안목에서는 너무도 쉽게 들여다보인다. 우리를 둘러싼 세계사를 새롭게 읽는 법, 이는 바다를 제대로 읽어야지만 이해되는 부분이기도 하다.

오션코드 4. 왜구와 신新왜구

아시아사에서 가장 지긋지긋한 전쟁은 무엇이었을까. '왜구倭寇와의 전쟁'이 아니었을까? 초원에서 일어선 징기즈 칸成吉思汗이 세계의 지축을 흔들었다면, 왜구들은 지역은 넓지 않은 대신에 천년이 넘는 세월을 두고 아시아를 괴롭혔다. 신라의 문무대왕文武大王이 오죽하면 죽어서 왜구를 지켜주는 동해용왕이 되길 자청하였고, 박제상朴堤上도 대마도에서 죽었을까. 엄청난 약탈과 살인·방화·인신매매로 우리는 물론이고 중국·류큐도 마음 편히 살아갈 수가 없었다. 이 글을 쓸 직전에 이키를 찾아갔더니 아기발도阿只拔都가 지역에서 신화적 존재로 구전 전승되고 있었다. 이성계와 남원성에서 한판 붙고 황산대첩을 안겨준 그 유명한 소년 장수 아기발도의 고향이 이키임이 확인되었다. 이처럼 우리와 아주 가까운 곳에 왜구들이 진을 치고 있었으니 왜구 전통은 동아시아사는 물론이고 한반도사를 규명하는데 대단히 중요하다.

사실 왜구 문제는 '일본사는 일국사—國史인가'는 질문법과 연계될 수밖에 없다. 그동안 일본사 서술은 일본을 '단일한 하나'로 간주하였다. 그러나 일본학계의 '이단적 석학'이었던 아미노 요시히꼬網野善彦는 '일본' 국호가 겨우 7세기 말에 정해졌음을 역사적으로 고구하면서 왜구가 별도로 존재하던 해양세력임을 강조한 바 있다. 필자가 고토五島 열도에 근거지를 둔 왜구의 대두목 왕직王直, 즉 안후이성安徽省 출신으로 나가사키현 후쿠에福江항을 근거지로 생사·유황 등을 밀무역하면서 왜구를 이끌고 중국 각지를 약탈한 '중국인 왜구'를 만나러 다네가시마를, 그리고 대마도와 이키를 찾아갔음도 해양사에서 왜구가 절대적이기 때문이었다.

이제 왜구들은 '신新왜구'로 거듭나고 있다. 북으로는 홋카이도오, 일명 에조찌로 진출하여 아이누를 식민화시켰으며, 남서쪽으로는 류큐를 병합했고, 대만을 식민지로 만들고 남양군도를 점령하고… 이렇듯 끊임없이 먹어야만 사는 정벌론자들이 무수히 등장한다. 그네들 바다의 후예들은 왜구들처럼 배를 타고 누비고 다녔으니 아예 '신왜구'로 명명하는 것이다.

왜구의 특징은 교환이 아니라 약탈이다. 문제가 되는 일본교과서도 국가와 민족 간의 평화와 교린을 꿈꾸는 교환체계가 아니라 일방적 약탈체계를 옹호하고 있기 때문이다. 바야흐로 신왜구들이 준동하는 것이다. 신왜구들은 한반도가 대륙과 일본 열도 사이에서 팔뚝처럼 들이밀어 지정학적으로 몹쓸 나라라는 황당한 논리를 전개하면서 적반하장으로 역사를 왜곡하고 있다. 왜구의 역사는 기본적으로 해양의 역사이기도 하다. 왜구의 소굴인 대마도와 이키가 훗날 임진왜란 선봉대의 본거지, 러일전쟁의 근거지가 되며 오늘날도 대륙침략의 발판을 준비하면서 웅크리고 있음은 왜구사가 종결되지 않은 현재진행형임을 알려준다.

오션코드 5. 일본과 미국, 그밖에 해양세력

19세기에 미국서부로 몰려온 값싼 중국인 쿨리苦力들이 투입되어 수도 없이 태평양으로 떨어져 죽으면서 만든 샌프란시스코 금문교에 전망대가 있다. 따블백을 옆에 세워두고 하시라도 출진태세를 갖춘 채 태평양을 향하여 서있는 미해군병사의 자태가 예사롭지 않다.

지난 19~20세기에 태평양을 무대로 펼쳐진 가장 괄목할만한 세계사적 정황은 해양세력 미국의 진출이다. 태평양 제도에 가면 미·일의 힘겨루기가 겹쳐서 나타난다. 태평양전쟁도 아시아로 진출하던 해양세력 미국과 태평양으로 진출하던 일본의 필연적 충돌에 지나지 않는다. '고래들의 전쟁'에 떠밀려 조선인들은 징병, 징용, 정신대 등의 이름으로 남양군도 하늘 아래에서 이름도 없이 죽어갔다. 미·일의 태평양패권은 스페인·포르투갈·영국·화란 등을 제친 승리의 결과물이었다. 오늘날 한반도에 미국이 가장 큰 영향력을 행세하고, 역으로 많은 아시아 이민자들이 미국 태평양가로 진출하였음은 해양사적으로 의미심장하다.

독도 문제가 풀리지 않는 가장 큰 이유는 미국이 일본의 독도지배를 '마음속으로나마' 지지하고 있기 때문이다. 일찍이 동경 맥아더사령부의 시볼트William J. Sebald란 작자는 독도를 일본에게 붙이려고 갖은 애를 쓰기도 했다. 독도문제는 한·일문제가 아니라 한·미·일 문제임이 쉽게 드러난다.

영국이나 러시아 등은 제국의 바다에서 자유로운가? 차르와 영국제국주의의 한판 승부가 거문도에서 이루어졌다. 영국은 영일동맹을 통하여 일본의 한반도지배를 지원하였고, 러시아는 부동항에 침을 흘렸다. 미국은 '가쓰라-태프트조약'을 통하여 미국의 필리핀 지배와 일본의 한반도 지배를 '빅딜'하였다. 청나라는 리홍장李鴻章 등을 보내어 사사건건 간섭하면서 종주국행세를 하였으니 조선은 '축구공신세'였다. 청일전쟁이 서해에서, 러일전쟁이 주로 동해에서 벌어졌음은 한반도를 둘러싼 전쟁들이 대개 바다에서 종결되었음을 뜻한다. 전쟁은 계속되고 있다. 수천 년간 불러온 동해 명칭조차 미국, 영국 등 해양제국들에 의하여 장악된 국제수로회의에서 일본해JAPAN SEA로 등재된 덕분에 '제 아비를 아비라 부르지 못하는' 신세가 되고 말았다.

오션코드 6. 공간과 시간의 장기지속과 단기지속에 관하여

진해鎭海라는 작은 공간을 중심으로 식민지적 장기지속성을 서술할 수 있을 것이다. 왜구들이 늘 가장 먼저 들이친 곳, 삼포의 하나인 제포齊浦 왜관으로 삼포왜란이 터진 곳, 고니시 유키나가小西行長가 진을 쳤으며, 세스베데스가 1년여 머문 곳, 침략기에 일본인들이 가장 먼저 진출한 곳이 또한 진해와 마산, 거제도 같은 남해안이었다. 대마도와 큐슈에서 최단거리였던 만큼 식민의 장기지속성도 매우 질기게 이어지고 있다.

가령, 독도문제도 단기지속의 논란이 아니다. 일본의 영유권 주장은 적어도 수백 년을 소급된다. 즉, 오늘의 독도문제는 외견상 일제침략 이후에 벌어진 단기지속의 문제지만 본질적 속성은 장지기속의 논리를 지닌다는 점이다. 울릉도를 먹어치우려고 한 곳은 일찍이 대마도였다. 숙종肅宗 때에 대마도주가 벌인 '국제적 사기극', 역사에서 이른바 '독도 일건―件'이라 부르는 사태에 즈음하여 동래의 뱃사람 안용복安龍福이 '국제적 해결사'로 나선다. 따라서 독도문제는 상시적인 것이지 독도문제가 '터졌다'는 식의 사건사 취급은 대단히 위험한 방식이다. 북방4도로부터 중국과 벌이고 있는 댜오위댜오釣魚島, 일명 센카쿠열도 분쟁, 침대크기만 한 오키노도리시마를 영토화시킨 해양영토극대화 전략이란 범주에서 독도문제가 움직이고 있을 뿐이다.

팔라우Palau같이 남양군도라 부르던 미크로네시아Micronesia를 태평양전쟁시기에 '노획'한 것으로 알지만 사실과 다르다. 1914년 1차 세계대전의 전리품으로 신탁통치를 위임받아 그때부터 사실상 식민지배해 오다가 무한정 욕심을 추구하는 자본주의 세계전략과정에서 미국과 한판 붙은 것이 태평양전쟁인 것이다. 따라서 독도문제 등으로 일비일희할 것이 하나도 없다. 일본은 독립왕국을 류큐처분琉球處分으로 식민화한 이른바 오키나와 문제, 그리고 홋카이도오의 아이누학살에 따른 원죄를 가진 나라이다. 해양사에서의 이 같은 장기 지속적 과제들은 단기 지속적 사건들에 비할 바가 못 된다.

오션코드 7. 해양경제 확충과 확산은 해양에 관한 인식 저변 확대로부터

독도문제를 제대로 인식하고 제대로 대처하자면 어떻게 해야 할까? '육지사陸地史' 중심의 빈약한 사고로는 안 된다.

세계사적 규모에서의 해양사적海洋史的 인식 없이는 독도문제를 제대로 인식하기 어렵다. 한마디로 해양에 대한 공부가 필요하다. 물론 해양사는 있어도 '육지사'란 말은 없다. 인류사는 어차피 육지 중심으로 서술되고 진행되어 왔으므로 구태여 '육지사'란 용어로까지 성립될 필요가 없었던 셈이다. 그러나 육지중심사관을 조금만 뒤집어보면 역사는 전혀 달리 보이며, 독도문제도 새롭게 보일 것이다. 지구의 7할 이상이 바다라는 수치를 들이밀 것도 없다. 에게Ege해 문명은 두말할 것 없이 바다의 역사이다. 15~16세기 대항해시대에 펼쳐진 거대한 드라마는 인류사를 송두리째 바꾸어 놓았다. 600년 전 정화의 남해대원정은 중국사를 전혀 다르게 서술할 수 있게 한다. 독도가 근래 1세기 안의 문제가 아니라 수백 년을 넘어선, '왜구들의 해묵은 도발'임을 알아야한다. 그러나 한국사는 육지 중심사이다. 이러한 고정적 틀을 전면적으로 바꿀 때 해양경제의 확충이 가능할 것이다.

오션코드 8. 바다중심의 문화관

해양문화는 육지중심의 문화관이 아니라 바다중심의 문

화관을 전제로 성립된다. 한국에서 해양문화란 이름이 공식적으로, 또 본격적으로 쓰여 진 것은 해양수산부의 성립과 궤를 같이한다. 가령, 지난 1970~1980년대만 해도 '해양문화'란 명칭은 쓰여 진 적이 거의 없었으며 막연하게 '바다문화' 등으로 간간이 명명되어지는 정도였다. 해양문화란 명칭의 성립이 오래되지 않은 만큼 그 정의를 둘러싼 다양한 시각이 존재한다. 혹자는 해양이란 지나치게 넓은 범주이므로 바다문화라고 씀이 옳다는 사람도 있다. 그러나 해양수산부가 존재하고, 다중이 이미 쓰고 있으므로 해양문화란 용례는 가장 적확하다는 생각이다.

해양문화란, 해양을 둘러싼 자연과 인간간의 문화현상을 총체적으로 망라하는 개념이다. 해양과학·해양식물학·해양동물학·해양생태학 등의 개념이 존재한다면, 이에 대응하는 문화적 용례로 해양문화가 있는 것이며 '해양문화학'이 성립되는 것이다. 그럼에도 불구하고, 결론부터 말하자면 한국에서의 해양문화는 아직 초보적인 단계이자 발아發芽 단계에 불과하다.

대학에서는 해양과학은 가르쳐도 해양문화에 대해서는 강의요목조차 마련하고 있지 못하며 따라서 교수요원도 존재하지 않는다. 심각하게 말한다면 무지의 소치이자 인간이 사라진 과학 편향적 사고의 결과이다. 하지만 21세기는 두말할 것 없이 '문화의 시대'이다. 문화의 시대에 해양문화에 관한 인식의 저변확대 없이 해양부국으로의 입국이 가능할 것인가, 곰곰 생각해 볼 일이다. 사람들은 신라시대의 장보고와 조선시대의 이순신을 TV 드라마를 통해 되씹어 내며, 때로는 역사적 실체와 드라마의 실체를 혼용하기도 한다. 이는 분명히 21세기다운 현상이며 앞으로도 멀티적인 문화혼용은 계속될 것이다.

돌이켜보면 바다는 천출賤出로 내몰린 '갯것'들의 터전이었다. 문화사적으로 철저히 소외되어 왔으며, 역사는 있되 기록은 없는 유사무서有史無書의 존재였다. 한국문화 전반에 비추어볼 때, 아직도 바다는 천출이다. 국립중앙박물관이 '역사 이래 최대의 박물관'이란 이름으로 개관 되었음에도 불구하고 그 속에 바다중심의 사고는 전혀 존재하지 않으며 오로지 육지중심 사고만이 각인되어 있다. 박물관뿐 아니라 도서관, 극장, 영화관 같은 문화인프라에서 바다는 열외이며, 친수공간Water front 역시 이제야 출발선에 와 있을 뿐이다. 그러한 측면에서 해양문화는 분명히 이제 시작하는, 때문에 무한한 기회가 열려진 21세기형 사고체계라고 말할 수 있을 것이다.

오션코드 9. 블루이코노미를 추동시키는 해양문화

해양역사(해양사), 해양민속(해양생활사), 수중고고(해양탐험 및 보존처리 등), 해양문학 및 예술(시·소설·연극·음악·미술 등), 해양레져(요트, 해수욕 등), 해양관광(섬여행 등), 해양환경(갯벌·사구·석호·생물 등) 등. 학문분과별로는 해양사·해양민속학·수중고고학·해양문학·해양예술사·해양생태학·해양관광학 등이다.

영국의 경우, 해양사를 중심에 두고 해양민속학과 해양고고학이 결합되어 있어 일반 역사와 생활사, 고고학 등이 유기적으로 연계되어 있다. 독도의 역사, 왜구의 침입, 장보고의 활동, 대마도 정벌 등, 해양사 일반이 모두 포함될 수 있는 것이며 근세 일본의 바다를 통한 침략사도 포함된다. 그런데 해양실크로드를 통한 문명의 교류와 같은 해양문화사적 접근이 오히려 해양사 일반보다 각광을 받고 있으며, 이는 역사 일반에서 문화사로 전환하고 있는 세계학계의 동향과 일치된다. 해양민속에는 전통적 어로漁撈도구와 기술사, 어민들의 처지와 생활, 해녀(줌녀)의 삶, 해양의 식생활사, 어촌의 주거양식 등 전통적인 삶을 모두 포괄한다. 수중고고학은 해양사 및 해양문화사와 직결되는 바, 가령 신안해저유물선의 발굴 도자기들은 당대의 도자사 및 문물교류사, 선박기술 등에 관한 살아있는 정보를 제공한다.

해양문학은 글자그대로 시·소설·수필·희곡 등을 망라한다. 허먼–멜빌의 『백경』은 그 자체 해양문학의 보고인 것과 같다. 한국에서의 『심청전』이나 『별주부전』도 해양문학으로 간주하고 접근할 수 있으며, 민요도 전통시대의 해양 구전문학으로 간주된다. 해양문학은 작가들의 많은 관심 속에 현재도 많이 창작되고 있다. 바다를 소재로 한 그림이나 조각, 바다를 소재로 한 영화 등도 주목된다. 그런데 이와 같이 소박한 개념에서 벗어나 프랑스 쿠스토선장의 경우처럼 영화나 잡지가 해양문화의 진지전으로 활용되는 경우도 볼 수 있다. 단순한 바다 장식품에서 벗어나 항만에서의 대대적인 문화예술거리 조성 같은 사례를 일본의 고베항에서 보게 된다. 이는 그림이나 조각이 단순한 장식품에서 더 나아가 도시 자체를 재설계하는 영역으로 확장되고 있음을 말해준다.

해양스포츠는 누구나 즐기는 대상이다. 여름철의 해수욕이 대표 격이다. 그러나 해양스포츠의 꽃이랄 수 있는 요트를 비롯한 다양한 해양스포츠 영역은 아직 초보적 단계에 불과하다. 반면에 수중활동, 즉 스쿠버에 대한 관심은 대대적이다.

해양관광은 해수욕을 포함하며, 섬 여행, 해안도로 일주,

바다 먹거리, 해양문화유산 등등을 모두 포괄한다. 사실 한반도 관광의 상당부분은 산 아니면 바다이다. 제주도의 경우, 제주도관광의 백미는 결국은 한라산과 더불어 섬 주위를 돌아다니는 것이다. 안면도관광의 백미 역시 소나무 숲과 더불어 바닷가를 거니는 것이다. 요즈음은 단순한 해양관광에서 체험관광을 강조하며 돌살체험, 개맥이체험, 후리체험 등 체험관광을 강조하는 경향이다.

해양환경(갯벌·사구·석호 등)은 생태의 범주이지만, 생태관광을 비롯하여 갯벌기행 등 그 자체 문화적으로 접근이 가능하다. 또한 문화적으로 접근할 때만이 일반의 해양환경에 대한 관심도를 집중시킬 수 있다.

오션코드 10. 해양문화의 구체적인 사례
: 등대의 경우

대한제국기에 한반도에 제 모습을 드러낸 우리 등대는 불행하게도 독립적 근대국가와 무관하게 제국의 배를 인도하는 '제국의 불빛'으로 작동하게 된다. 버지니아 울프의 표현대로 '인정사정없는 냉혹함'과 '평화·안식·영원성'이란 양가성이 우리 등대에 깃들여있다. 2003년에 100년 회년을 돌파한 우리 등대의 출발은 제국의 시스템이 본격적으로 작동하였음을 알려준다. 대항해시대 이래로 서세동점하던 제국의 파도가 동아시아로 밀려들었고, 메이지明治 이래로 대영제국의 등대를 받아들인 일본의 등대기술이 한반도로 밀려든 결과이다.

대한제국정부의 초청형식으로 한국을 방문하여 월미도·부도등대 등을 100여 년 전에 만든 일본인 이시바시石橋 기사는 일본 공부工部대학교 토목과 출신으로 영국으로 유학하여 당대 선진 각국의 등대를 견학한 뒤 일본의 등대건설에 많은 공적으로 남겼으며 일본정부의 항로표지관리소장까지 역임했다. 그의 손에 의하여 월미도등대, 부도등대, 심지어 압록강등대까지 설계가 이루어졌음을 고려할 때, 영국-일본-한국으로 이어지는 파장을 읽어낼 수 있을 것이다. 일제강점기, 조선총독부 관할의 한반도 등대국은 요코하마에 본부를 둔 대일본제국 등대국 산하의 홋카이도오등대국, 오키나와등대국, 그리고 남양반도등대국과 더불어 광대한 제국등대의 멤버십이었음을 고려해야한다.

1903년에 점등한 팔미도를 찾아가노라면 북장사서등표·백암등표·부도등대 등 1900년대 출생들이 주변에 즐비하게 널려져있다. 그 공간들은 빛바랜 흑백사진 속의 일본식 관사로부터 돌로 빚어낸 장중한 등탑에 이르기까지 등대가

〈사진 5〉 백년을 넘긴 인천의 백암등표

남긴 시간의 지문을 드러내준다. 컨테이너 외항선이 분주히 나다니는 우리시대의 공간과 지난 100여 년의 무게, 이들 양자는 교호하기도 하고 독립적이기도 하면서 등대로의 여행을 이끌게 된다.

팔미도(1903), 월미도(1903), 백암(1903), 북장사서(1903), 부도(1904), 제뢰(1905), 거문도(1905), 영도(1906), 우도(1906), 울기(1906), 옹도(1907), 호미곶(1908), 소청도(1908), 어청도(1912), 마라도(1915), 산지(1916) 등등 이상의 숫자들은 무엇을 의미하는가. 100년이 엊그제 지났거나 속속 100주년이 다가오고 있음을 뜻한다. 20세기 초반은 '제국의 시대'였고, '등대의 시대'이기도 하였다. 우리 바다의 의미 있는 등대들은 대부분 지금으로부터 꼭 100년 전인 1903년부터 1910년대에 걸쳐 완성된다.

등대 독도법은 육지에서의 GPS 해독법과 많이 다르다. 가령, 어청도등대(1912)는 '군산-어청도' 연락선의 일반적 네트워크로는 이해되지 않는다. 제국 일본이 러일전쟁 이후에 오사카에서 허베이만渤海灣의 다롄大連으로 이어지는 제국의 뱃길 중간기착점으로 어청도를 주목하였기에 서해안에서 일찍이 어청도등대가 성립되었다. 어청도에서 옹도(1907)를 거쳐 팔미도(1903), 그리고 월미도에 이르러 인천항 갑문(1911~1917)으로 진입하는 것이다. 섬과 섬의 네트워크는 등대의 운명이기도 하며, 그 여로의 끝에는 반드시 제국의 항구가 버티고 있었으니, 원산이나 부산·인천·목포 등에 가장 먼저 등대가 들어선 이유가 여기에 있다. 일단 자동차 도로를 잠시 잊고, 바다로 열려진 하이웨이, 즉 뱃길의 거침없는 횡단로를 지도 위에 그어보면서 중간 중간에 등대를 세워볼 일이다.

　과거에는 제국의 유산이었으나 오늘날에는 근대문화유산으로 우리 곁에 다가와 있다. 잊지 말아야할 것은, 긴 칼차고 정복입고 근무하던 '순사'(과거에는 등대원을 그렇게 불렀으니)가 사라진 자리에 등대원이 들어섰다. 일제강점기의

〈사진 6〉 시찰에 나선 전국의 등대원들(장소: 워커힐)

등대원들은 대부분 일인이었으며, 조선인은 잔심부름꾼 소사에 불과하였다. 등대는 해군기지 역할을 겸하기도 하였으며, 모르스 부호로 상징화되는 우편체신 거점이기도 하였다. 반면에 잊지 말아야 할 다른 측면은, 과거에는 그러했을지라도 오늘의 입장에서는 돌부리 하나라도 고이 간직해야 한다는 점이다.

더 읽어볼 책들

• 주강현, 『제국의 바다 식민의 바다』, 웅진, 2005.

해양사의 관점에서 살펴보는 제국과 식민의 연대기로, 독도에서 태평양까지, 시모노세키에서 가고시마의 정한론까지, 해양사를 중심으로 '제국의 바다 식민의 바다'의 역사적 기원과 현재, 그리고 미래를 읽어낸다. 한반도에 미친 대항해시대의 파장과 세계사적인 조망, 독도를 침탈하는 신(新)왜구 문제의 역사적 원인과 그 해법 등을 상세하게 살펴보고 있다.

• 주강현, 『돌살: 신이 내린 황금그물』, 들녘, 2007.

어민 생활문화사에서 중요한 문화유산인 돌살의 연대기를 전해주는 책이다. 돌살은 물고기를 잡기 위해, 조수간만의 차로 바닷물에 잠기고 드러나기를 끊임없이 반복하는 조간대에, 바다 쪽으로 볼록하게 쌓은 돌담을 말한다. 저자는 돌살이 만들어지는 조건과 어민들의 체험에서 비롯된 문화지식에 주목하면서 우리나라뿐 아니라 세계적 차원에서 돌살에 접근하고 있다.

• 주강현, 『적도의 침묵』, 김영사, 2008.

이 책은 폴리네시아 하와이제도로부터 마샬제도를 거쳐 미크로네시아제도에 이르기까지, 적도태평양 군도의 다채로운 역사와 문화가 지난 세기 반도의 경험과 어떤 인연으로 연결돼 있는지 추적한다. 적도태평양에 드리웠던 '문명화'의 해악과 그늘을 다루고, 근대화 와중에 침묵당해야 했던 원주민들의 생동하는 삶과 기억, 나아가 그들이 지닌 무한한 잠재력들을 새로운 시각으로 바라본다.

• 힐러리 스튜어트, 주강현 옮김, 『인디언의 바다』, 블루&노트, 2010.

이 책은 노스웨스트 연안 부족들의 총체적인 삶 속에서 물고기와 고기잡이를 다루고 있다. 신화로 시작해서 인디언의 기도와 시로 끝맺고 있으며, 그 사이에는 실제적 고찰이 자리 잡고 있다. 이 책을 통해 신화와 도구, 기도의 상호의존성을 전체적으로 살펴본다.

해양인식의 확대와
해양사海洋史

강봉룡

서울대학교 역사교육과를 졸업하고 동 국사학과 대학원에서 「신라 지방통치체제 연구」라는
논문으로 박사학위를 받았다. 현재 목포대학교 사학과 교수로 재직 중이며, 장보고해양경영
사연구회 회장, 목포대학교 도서문화연구원 원장, 동아시아도서해양문화포럼 회장 등의
직책을 함께 맡는 등 한국해양사 연구에 열중하고 있다. 주요 논저로는 「해양인식의 확대와
해양사」(2008), 「고대~고려시대의 海路와 섬」(2013) 등이 있으며, 『장보고』(2004),
『바다에 새겨진 한국사』(2005), 『바닷길로 찾아가는 한국고대사』(2016) 등이 있다. 2010
년 제4회 장보고대상을 수상하기도 하였다.

해양인식의 확대와 해양사海洋史

1. 왜 '해양의 시대'인가?

한자어 '海洋해양'은 작은 바다 海해와 큰 바다 洋양의 합성어이다. 영어의 sea는 해海에, ocean은 양洋에 대응된다. 예를 들어 황해黃海, Yellow Sea는 작은 바다이고, 태평양太平洋, Pacific Ocean은 큰 바다이다. 우리는 이를 통틀어 우리말 '바다' 혹은 한자어 '해양'이라 부른다.

해양은 지구의 70% 이상을 차지한다. 반면 육지부는 지구의 30%가 채 안 된다. 그럼에도 우리는 이제껏 우리의 행성을 '해구海球'라 칭하지 않고 '지구地球'라 칭해 왔다. 이는 우리가 발을 딛고 사는 육지부에 대한 인식이 그만큼 강했던 반면, 절대 비중을 차지하고 있는 해양에 대해서는 거리를 뒤 왔다는 것을 의미한다. 그런데 근자에 '지구地球'라는 말 대신 '해구海球'라는 말을 쓰자는 제안이 심심치 않게 나오고 있다. 이는 해양에 대한 인식이 새롭게 일어나고 있는 추세를 반영한다.

20세기 산업화시대를 거치면서 육지부의 자원은 고갈되고 지구(편의상 '지구'라 부르기로 하자)의 환경은 파괴되어 왔다. 인류는 문제의 대안을 해양에서 구하기 시작했다. 해양이 부존하고 있는 무진장한 자원에 주목하게 되었고, 환경 파괴의 총체적 후유증인 기후 문제의 해결책을 해양에서 찾으려 하고 있다. 바야흐로 해양은 인류의 탐욕을 확장시켜줄 공간이자 그 탐욕이 초래한 심각한 문제를 해결해줄 공간으로, 이율배반적 기대를 한 몸에 받고 있다.

뿐만 아니다. 오늘날 고도산업화 단계에 세계가 하나인 '지구촌의 시대', '글로벌 시대'에 이르게 되면서, 해양은 세계 물자의 75% 이상을 유통시키는 절대 통로로 기능하고 있다. 여러모로 이 시대는 육지 중심의 인식에서 벗어나 해양에 대한 인식으로 확대·전환할 것을 우리에게 요구하고 있다. '공간인식 패러다임의 문명사적 대전환기'에 직면한 것이다. 우리가 21세기를 흔히 '해양의 시대'라 일컫는 이유이다.

'해양의 시대'에 접근하면서 해양에 대한 관심이 급증하

고 그에 따라 해양을 둘러싼 국가 간의 갈등과 분쟁이 확산
될 것이 예상되자, 유엔은 오랫동안 해양에 대한 국제 분쟁
을 미연에 방지하고 조정하기 위한 협약을 준비하였다. 1958
년 제네바에서 제1차 유엔해양법회의를 개최한 이후 수십
년간의 협의 끝에 마침내 1994년에 '유엔해양법협약UN
Convention on the Law of the Sea'을 발효시키기에 이르렀다. 유엔
해양법협약은 해양에 대한 연안국의 권리를 충분히 용인해
주는 방향에서 타결되었다. 그 주요 내용을 보면, 연안으로
부터 12해리(약 22km)에 이르는 해역을 해당국의 주권이 미
치는 영해領海, territorial sea로 인정해 주었고, 200해리(약
370km)에 달하는 해역에 대해서는 해당국에게 배타적 경제
권을 용인하는 '배타적 경제수역EEZ, exclusive economic zone'으
로 규정하였다.

　그러나 해양의 이권이 실로 막대하다는 사실이 확인되고
확산되면서 유엔해양법협약만으로 해양 분쟁을 조정하기
에는 역부족인 상황이 벌어지고 있다. 특히 제121조는 영해
나 배타적 경제수역 등의 해양에 대한 여러 권리를 섬island
에게도 부여하는 것으로 규정하고 있어 해양 분쟁이 섬 분
쟁으로 비화되는 근거가 되고 있다. 한·일 간의 독도(다케시마)
분쟁, 일·중 간의 센카쿠열도(댜오위다오) 분쟁, 러·일 간의
쿠릴열도(북방4개섬) 분쟁, 중·베트남·필리핀·말레이지아·

브루나이 간의 남사군도(스플래틀리) 분쟁이 현재 진행 중인 사례들이다. 섬 분쟁이 전쟁으로까지 비화된 사례도 있었다. 멀리 1982년에 영국과 아르헨티나 간에 포클랜드군도(말비나스)를 둘러싸고 벌였던 포클랜드전쟁이 그것이다.

새로운 섬을 확보하거나 유엔해양법협약에서 규정한 섬의 조건을 갖췄음을 공인받음으로써 새로운 해양영토를 확보하려는 시도도 끊이지 않고 있다. 일본의 사례가 두드러진다. 일본은 도쿄에서 동남쪽으로 1,800여km 떨어져 있는 태평양 상의 작은 외딴섬 미나미도리시마南鳥島 주위의 200해리(약 40만여 ㎢)의 해역에 대한 배타적경제수역을 주장한 데 이어, 도쿄로부터 남쪽으로 약 1,700km 떨어져 있는 남태평양의 일개 암초에 불과한 오키노도리시마沖ノ鳥島의 주위 해역을 배타적 경제수역으로 확보하기 위해 열을 올리고 있다. 오키노도리시마는 해면 높이 70cm, 가로 2m, 세로 5m에 불과한 암초로서 유엔해양법협약에서 규정하는 섬의 조건에 현격히 미달한다. 그럼에도 일본은 오키노도리시마에 천문학적인 예산을 투입하여 1993년에 지름 50m, 높이 3m의 인공 원형섬으로 재탄생시켰고, 근래에는 항만시설까지 건설하여 주위 40만여 ㎢ 해역에 대해서 배타적 경제수역을 일방적으로 선언하기도 하였다. 40만여 ㎢는 우리나라 배타적 경제수역을 모두 합친 것에 맞먹을 정도로 광

대한 넓이다. 해양영토와 관련하여 섬의 중요성이 얼마나 막중한지를 여실히 보여주는 사례이다. 오늘날 섬은 해양의 지킴이인 것이다.

이렇듯 '해양의 시대'를 맞아 해양의 중요성은 더욱 증대되어 가고, 이에 따라 섬과 해양을 둘러싼 국제사회의 쟁탈전도 더욱 가열될 전망이다. 이 시점에서 해양에 대한 우리 인식의 실태를 점검해 보는 것은 나름 의미가 있을 것이다.

2. 해양에 대한 우리의 인식은?

오늘날 우리의 해양인식은 어떠한가? 일단 산업지표 면에서는 고무적이다. 근래에 흔들리고 있긴 하지만 조선업 세계 1위, 해운업 세계 5위, 수산업 세계 10위 등의 지표로 볼 때, 우리는 세계적인 해양강국의 반열에 진입해 있음을 자부해도 좋을 것처럼 보인다. 그러나 이러한 산업지표가 우리의 해양인식을 전적으로 대변한다고 볼 수는 없다. 우리 내면의 인식을 들여다보면, 해양에 대한 경시 내지 천시의 풍조가 뿌리 깊게 남아있다는 것을 발견할 수 있기 때문이다.

우리는 전통적으로 육지 중심적 인식이 강하다. 바다를

배경으로 생활하는 사람들에 대하여 '뱃놈', '섬놈', '갯것' 등의 비칭卑稱을 써온 관행으로 비추어 볼 때, 그들을 천시하는 풍조가 농후하다. 우리의 가요사를 장식하는 대표적인 대중가요의 노랫말에도 이러한 인식의 편린들이 넘실댄다. 몇 가지 예를 들어보자.

• 〈흑산도 아가씨〉(이미자, 1965년): '못견디게 그리운 아득한 저 육지를 바라보다 검게 타버린 검게 타버린 흑산도 아가씨'
• 〈가슴 아프게〉(남진, 1968년): '당신과 나 사이에 저 바다가 없었다면 쓰라린 이별만은 없었을 것을'
• 〈바다가 육지라면〉(조미미, 1970년): '바다가 육지라면 바다가 육지라면 배 떠난 부두에서 울고 있지 않을 것을'

위의 세 대중가요에서 섬과 바다는 단절과 원망의 공간으로 나타난다. 육지를 애타게 그리다가 검게 타버린 흑산도 아가씨에게 바다는 육지로 가는 길을 가로막는 원망스런 장애물이다. 또한 그 바다는 쓰라린 이별을 강요하는 가슴 아픈 공간이기도 하다. 그래서 바다가 육지였으면 하는 탄원歎願을 외쳐대지 않으면 안 되었나 보다.

이들은 한국 대중가요사를 화려하게 장식한 대스타 이미자, 남진, 조미미가 불러 공전의 히트를 쳤던 노래들이다.

그런데 이들 노래가 대중들에게 어필하여 크게 사랑을 받았다는 것은, 그 노래의 가락과 내용에 대중들이 공감할 수 있는 '무엇'이 작용하였다는 것을 의미한다. 그렇다면 그 '무엇'이란 섬을 고달픈 고립의 공간으로, 바다를 비정한 단절의 공간으로 간주하는 육지 중심의 인식이 아니었을까?

그렇다면 육지를 중시하고 해양을 경시하는 이러한 인식은 근래 들어 바뀌고 있을까? 어느 정도 바뀌고 있는 것은 사실이다. 최근 '해양의 시대'를 운위하며 다양한 해양선양 대회가 거행되고 해양관련 학술대회도 제법 활기를 띠며 개최되곤 한다. 이러한 움직임은 해양산업이 세계적 위상을 떨치는 추세와 맞물려 '해양강국 코리아'의 도래를 낙관하는 분위기를 띄우기도 한다. 그런데 해양에 대한 우리의 관심을 유심히 들여다보면 주로 대양大洋과 원양遠洋을 향한 것임을 알 수 있다. 조선업과 해운업과 수산업의 성과도 주로 대양과 원양을 대상으로 하여 성취한 것이다.

대양과 원양을 향한 진취적인 관심을 갖는 것은 분명 권면할 일이다. 그렇지만 대양과 원양에만 사로잡힌 나머지 정작 우리의 해양영토인 연안바다에 대해서는 무심하다면, 우리 해양인식에 심각한 불균형과 편식 현상이 내재해 있음을 우려하지 않을 수 없다. 2014년 4월 16일에 일어난 세월호 사건은 우리 해양인식의 불균형과 편식 현상이 여전히 심각한 상황임을 적나라하게 보여주고 있다. 이는 6,825 톤의 초대형 여객선 세월호가 인천항을 출발하여 제주로 항해하던 중, 진도 맹골수도의 해상에서 침몰하여 300명이 넘는 희상자를 낸 대참사였다. 꽃다운 젊은 학생들이 희생자의 대다수를 차지하였다는 점이 더욱 충격적이었다. 1970년 12월 15일 서귀포항을 출발하여 부산항을 향해 항해하던 남영호(362톤)가 거문도 동쪽 해상에서 침몰하여 326명의 희상자를 냈던 남영호 사건, 1993년 10월 10일 서리페리호(100톤)가 위도에서 격포항으로 운항 중에 침몰하여 292명의 희생자를 냈던 서해페리호 사건과 같은 대형 해양 참사가 약 20년 주기로 다시 되풀이되어 일어났던 것이다.

20년이 넘는 선령船齡의 노후 선박에다 무리한 개조, 과적과 선원의 비전문성, 허술한 여객선 관리감독시스템 등이 세월호 참사의 원인들로 지목되었다. 그런데 세월호 참사가 일어난 지 채 6개월도 안 된 2014년 9월 30일에 홍도유람선 바캉스호 사고가 다시 터졌다. 바캉스호는 선령이 무려 27년에 달하는 '고선'이었다. 다행히 최악의 참사는 면했지만, 연안 여객선과 유람선에 대한 우리의 안전불감증이 얼마나 고질적인가를 유감없이 보여주었다. 21세기에 접어든 이 시점에서, 더욱이 조선업 세계 1위의 국가에서, 고선에 가까운 노후 선박이 연안여객선의 대다수를 차지하고 있는 상황이 개선되지 않고 크고 작은 해난 사고의 위협 요인이 상존하고 있는 현실이야말로 연안바다에 대한 우리의 인식이 무심의 극치를 달리고 있다는 것을 단적으로 보여준다.

세월호 참사 이후 연안여객선 안전을 위한 실질적인 개선 대책은 없었다. 소 잃고도 외양간을 고치지 않고 방치하는 형국이다. 연안여객선 공영제야말로 해난사고를 막을 수 있는 핵심적인 대책일 뿐만 아니라 연안바다에 대한 우리의 소극적 인식을 획기적으로 전환시키는 계기가 될 것이다. 마침 해양수산부가 공영제를 도입하여 연안 여객운송사업의 패러다임을 근본적으로 전환하겠다고 호기롭게 발표하는가 싶더니, 안타깝게도 흐지부지 유야무야되고 있다.

연안여객선은 연안바다의 '기간도로'라는 관점을 가지고 SOC의 차원에서 국가가 책임지고 운영할 필요가 있다. 육지의 도로를 SOC의 차원에서 국가가 건설하듯이, 연안바다의 도로인 연안여객선 역시 국가가 직접 예산을 투입하고 관리·감독하는 공영제로 운영하는 것이 반드시 필요하다. 연안여객선 공영제는 국가가 적극 나서 육지와 섬을 잇는 노선을 정비하고 정비가 잘된 여객선을 투입하는 것에서 시작한다. 그리고 외항선 선원 못지않은 우수 인력을 연안 여객선에 투입하여 국가의 기간 도로를 책임진다는 자부심을 갖고 안정적으로 일할 수 있도록 한다. 그리고 국토교통부가 육지의 도로를 관장하듯이 해양수산부가 연안여객선을 공공公共의 개념으로 관장하는 시스템을 새롭게 정립한다.

연연여객선 공영제의 기대 효과는 대단할 것으로 예상된다. 먼저 연안여객선 내수시장이 확대되어 초대형 선박 건조에 편중되어 있는 우리의 조선산업이 중소조선산업으로 확산·발전하는 계기가 될 것이다. 현재 중소조선산업은 일본이 지배하고 있으며, 일본의 중고 선박을 구매하여 연안여객선에 충당하는 것이 관행처럼 되어 있다.

공영제가 정착되면 많은 국민들이 더 저렴하고 안전하고 쾌적한 연안여객선을 이용하여 바다와 섬을 즐기게 될 것이다. 자연히 섬은 활성화되고 여객선을 이용하는 국민은 날로 늘어날 것이다. 해양 관광이 활성화되고 섬 주민의 삶의 질은 향상될 것이고, 섬에 들어가서 살고자 하는 사람들도 늘어날 것이다. 결국 육지에 한정되어 있던 우리의 영토 인식은 바다와 섬으로 실질적으로 확대되는 효과로 나타나게 될 것이다. 우리의 해양영토는 육지영토의 4배에 달하므로, 육지와 해양을 망라하는 우리의 가용可用 영토는 5배로 늘어나는 셈이 될 것이다. 우리나라는 3면이 바다이고 3,300여 개의 섬을 가진 다도해多島海 국가라는 사실을 잊어서는 안 된다.

현재 우리나라 여객선비는 육상교통비에 비해 무려 4~5배나 더 비싸다. 안전하지도 않고 쾌적하지도 않다. 예컨대 90km 정도 되는 목포~흑산도 간 쾌속선비는 34,300원이고, 70km 정도 되는 목포~광주 간 고속버스비는 5,700원이다. 이러한 교통비의 차이는 바다와 섬에 대한 국가의 차별을 상징적으로 보여준다. 이는 국민이 섬을 방문하여 섬을 향유할 수 있는 권리를 심각하게 훼손·제약한다. 국가가 연안바다와 그 지킴이인 섬을 얼마나 무시하고 방기放棄하고 있는가를 여실히 보여준다. 국가가 이러하니 국민 역시 바다와 섬을 멀리하고, 섬에 가지 않고 살지 않으려는 마음을 갖게 될 수밖에 없다. 육지 중심의 인식에 사로잡혀 바다도 우리의 소중한 영토라는 인식을 갖지 못하게 된다.

연안바다와 섬에 대한 우리의 관심은 외부 세력의 위협이 있을 때만 반짝하다 마는 경향이 다분하다. 일본이 호시탐탐 노리는 독도에 대한 관심은 반일 민족감정과 결부되어 부글부글 끓는다. 2010년 11월 23일 북한의 연평도 포격 도발 사건 이후에 서해 5도(백령도, 대청도, 소청도, 연평도, 우도)에 대한 관심이 크게 고조되었다. 근래에 북한의 도발에 대비하여 그 중심 섬인 백령도를 최첨단 IT로 무장했다는 소식도 들린다. 외부 세력의 위협이 있을 경우 이에 대비하는 것은 물론 필요하다. 그렇지만 이것이 한시적인 이벤트에 그치지 않기 위해서는 섬과 바다에 대한 근본적인 대책과 노력이 반드시 병행되어야 한다. 연안바다와 그 지킴이인 섬들에 대한 인식을 고취하고, 연안바다가 국민의 삶의 현장이라는 인식을 확산시키는 대책과 노력이 그것이다. 연안여객선 공영제 실시가 그 답이다. 국가적 공황 사태를 초래한 세월호 참사를 계기로 연안여객선 공영제를 실현한다면, 그것은 섬과 바다를 향한 미래의 비전을 실현하는 전화위복의 역사적 전기가 될 수 있다.

우리의 의식 속에는 여전히 대양을 항해하는 '마도로스'에 대한 '환상'과 연안바다에서 생활하는 '어민'에 대한 '비애'가 착종하고 있다. 대양을 중시하고 연안바다를 무시하는 해양인식의 불균형과 편식 현상이 아직 해소되지 않고 있다. 이러한 우리의 해양인식의 불균형은 어디로부터 오는 것일까? 그 연원을 찾아 해양사의 관점에서 한국사 다시보기를 시도할 필요가 있다. 그리고 해양인식은 어디로 향할 것인가? 그 방향을 좇아 역시 해양사의 관점에서 세계사 다시보기를 시도할 필요가 있다.

3. 해양사의 관점에서 우리역사 다시보기

해양사의 관점에서 볼 때 우리역사는 크게 '옛 해양의 시대'와 '해금海禁의 시대'로 나누어 볼 수 있다. 해로를 통해 국내외의 문물교류가 주로 이루어지던 고려시대까지가 '옛 해양의 시대'에,[1] 대외적 해양활동이 금지되었던 조선시대가 '해금의 시대'에 해당한다.

'옛 해양의 시대'는 다시 '연안해로의 시대'와 '해양실크로드의 시대'로 나눌 수 있다. 주로 연안해로에 의존하여 동아시아 안에서 문물교류가 이루어지던 삼국시대까지가 '연안해로의 시대'에 해당하고, 횡·사단해로가 본격 활용되고 해양실크로드로 이어져 동아시아 밖의 세계와 통했던 통일신라~고려시대가 '해양실크로드의 시대'에 해당한다.

먼저 '연안해로의 시대'에 동아시아 연안해로를 이어주는 길목은 주로 한반도의 연안에 있었다. 한반도에서 일어난 고대세력은 주로 강과 바다가 만나는 지점을 장악하여 동아시아 연안해로를 주도하곤 하였다. 고조선과 낙랑군이 대동강 하류를 거점으로 삼았고, 이후 4세기 후반에 이르러 백제가 한강 하류를 거점으로 삼아 한반도 서해와 남해의

---

1) '옛 해양의 시대'는 오늘날의 상황을 운위하는 '해양의 시대'와 구별하기 위해 설정한 개념이다.

연안해로를 통해 동아시아 문물교류를 중개하면서 성장하였다. 그리고 신라는 4세기 전반에 형산강을 따라 영일만에 이르러 동해안방면으로 진출하고, 태화강을 따라 울산만에 이르러 남해로 치고나가 가야방면으로 세력을 확장해 가면서, 한반도 동해와 남해의 연안해로를 장악하여 한때 동아시아 문물교류를 주도하기도 하였다.

이후 5세기의 고구려 패권시대를 거쳐 6~7세기에 고구려, 백제, 신라의 3국이 주도권을 둘러싼 치열한 쟁패전을 벌이면서 한반도 연안해로가 경색되기도 하였다. 그 경색국면이 장기화되어 가자, 660년 이후에 당이 참전하고, 661년 이후에는 왜가 참전하여, 삼국의 쟁패전은 '동아시아 대전'으로 확전되었다. 그 과정에서 660년 당의 소정방蘇定方은 13만 대군을 이끌고 산동반도 성산成山을 출발, 황해를 횡단하여 덕적도(현 인천광역시 소속)에 이르고 이를 징검다리 삼아 미자진(현 군산)에 상륙하는 황해 횡단작전을 감행하였다. 그리고 신라군과 연합하여 백제를 멸망시켰다. 왜倭는 661년 이후 3년 간 도합 4만여 명의 원군을 파병하여 백제부흥세력과 연합하여 나당연합군에 대항하였으나, 663년 백촌강(현 동진강) 해전에서 패배함으로써 백제의 부흥운동은 완전 좌절되고 말았다.

이후 668년에 고구려가 망한 이후, 신라는 당과의 전쟁을 벌여 당군을 완전히 축출하고 마침내 676년에 삼국통일을 달성하였다. 그 과정에서 675년의 천성(현 파주) 해전과 676년의 기벌포(현 서천군 장항) 해전에서 신라가 잇따라 승리한 것이 당군을 축출하는 결정적 계기가 되었다. 삼국의 상쟁과 동아시아 대전의 전개 과정에서 해전의 위력이 대단했음을 보여준다.

한편 전쟁 과정에서 소정방이 감행한 황해 횡단작전은, 기왕의 연안해로뿐만 아니라 횡단橫斷 및 사단斜斷 해로를 본격 활용하게 하는 계기가 되었다. 그리고 마침 그 즈음에 동아시아 밖의 세계와 연결하는 해양실크로드가 활성화되면서 '연안해로의 시대'에서 '해양실크로드의 시대'로 본격 이행하였다. 이후 통일신라는 연안해로와 횡·사단해로 등의 다양한 해로를 통하여 당과 일본2)을 연결하는 동아시아 문물교류를 주도하면서 '해양실크로드 시대'를 이끌어가는 주요 당사국으로 대두하였다. 그리고 8세기 말부터는 신라의 장보고가 중국 산동반도의 적산포(현 영성시 석도진)를 중심으로, 그리고 828년 이후에는 청해진(현 완도)으로 그 근거지를 옮겨, 동아시아 해상교역을 주도하였다. 그러나 841년에 장보고가 염장에 의해 암살당하면서 '장보고의 시대'는

---

2) 왜는 671년부터 일본이라는 국호를 쓰기 시작한다.

종언을 고하게 된다.

장보고의 유산을 계승한 자는 왕건이었다. 왕건은 궁예의 해군대장군이 되어 장보고의 근거지였던 서남해지역으로 진출하여 이를 자기 세력화하는 데 성공하였다. 그 과정에서 정주(현 경기도 풍덕)의 유천궁, 당진의 박술희와 복지겸, 나주의 오다련 등을 포섭했던 것이 주효했던 것이다. 그리고 여세를 몰아 918년에 궁예를 축출하여 고려를 건국하였고, 935년에 천년 왕국 신라의 투항을 유도하였으며, 936년에는 후백제를 제압하여 마침내 후삼국을 통일하는 주인공이 되었다.

고려는 해양강국이었다. 예를 들어 1123년 송의 사신 서긍이 기록한『고려도경』에 의하면, 중국의 영파寧波에서 황해를 사단斜斷하고 한반도 서남해의 여러 섬을 거쳐 고려 개경에 이르는 송과 고려 사이의 해로가 자세히 기록되어 있다. 특히 군산도(현 군산 선유도), 마도(현 태안 마도), 자연도(현 인천 영종도) 등의 섬에 각국의 사신과 해상海商들이 머물며 쉴 수 있게 한 객관(군산정, 안흥정, 경원정)이 각각 설치되어 있었다고 한 것으로 보아, 고려시대에 섬이 동아시아 해로의 징검다리로 활용되고 있었음을 알 수 있다.

해로와 섬은 고려가 몽골제국의 침략에 대항하여 40여 년간 긴 항쟁을 이어가게 했던 소통로이자 거점이기도 하였다. 1231년 몽골제국이 침략해오자 고려 조정은 그 이듬해에 장기 항전을 결기하고 강화도로 친도하였다. 1270년 고려조정이 몽골과의 강화협상을 타결 짓고 개경으로 환도를 단행하자, 실질적인 무력항쟁을 전개해 왔던 삼별초 군부세력은 이에 불복하고 강화도에서 진도로 거점을 옮겨 항쟁을 이어갔다. 그리고 1271년 진도가 함락되자 다시 제주도로 옮겨가 항쟁을 지속했다. 1273년에 제주도마저 함락된 이후에는 삼별초의 일부 세력이 남으로 항해하여 700여 km 떨어져 있는 류큐섬(현 일본의 오키나와)으로 옮겨가 유큐왕국의 발전에 힘을 보탰다는 견해가3) 근래에 제기되기도 하였다. 이는 당시 삼별초가 국내외를 넘나드는 광폭의 해양활동을 전개하였음을 보여준다.

삼별초가 진압된 이후에 몽골과 개경 고려조정은 삼별초에 동조한 도서해양세력에 대한 탄압을 가하였다. 거제도를 위시로 진도, 남해도, 압해도, 장산도, 흑산도 등의 유력 섬에 사는 사람들을 육지로 옮겨 섬을 비워버리는 공도空島의 조치를 취한 것이 그것이었다. 이로써 고려의 막강 해양력이

---

3) 이러한 견해는 근래에 오키나와 유적지에서 '계유년고려와장조(癸酉年高麗瓦匠造)'라 새겨진 명문기와가 발견된 것을 근거로 하고 있다. 이는 '계유년(1273년)에 고려의 기와 장인이 만들었다'는 뜻으로 해석되고 있다. 그러나 계유년을 1273년으로 보지 않고, 1333년 혹은 1393년 등으로 보아, 삼별초와 무관한 것으로 보는 견해도 있다.

소진되었고, 연안바다를 스스로 지켜왔던 고려의 해양 자위력 역시 급격히 무너졌다. 이것이 섬을 징검다리 삼아 연안을 노략하는 왜구 창궐의 원인이 되었다고 할 수 있다.

1392년에 출범한 조선왕조는 무너진 해양력을 다시 일으켜 세우는 정책을 쓰지 않고, 오히려 해양활동을 금지하는 '해금정책'을 국가의 주요 정책으로 채택하였다. 1368년에 건국한 중국의 명나라가 황실의 위협세력이 되고 있던 강남지방의 해상세력(방국진, 장사성 등)을 제압하기 위하여 썼던 해금정책을 신생국 조선에 강요했고, 조선이 이를 추수追隨하면서 그리된 것이었다. 조선은 이후 해금정책의 실효성을 높이기 위해 섬에서 사람을 살지 못하게 하는 공도의 조치를 더욱 강화했다. 관의 허락 없이 섬에 들어간 자를 장 100대로 다스렸는가 하면, 심지어는 국가 배반죄나 탈출죄로 다스리자는 과격한 주장까지 나올 정도였다. 이로써 우리역사는 '해금의 시대'로 접어들게 된다.

16세기 말에 일본의 조선 침략으로 촉발된 '임진왜란'은 명의 참전을 가져와 또 한 차례의 '동아시아 대전'으로 확전되었다. '임진왜란' 7년 전쟁이 끝난 후에 중국에서는 명이 여진족에 망하여 청으로 왕조교체가 이루어졌고, 일본에서는 전범 도요토미 히데요시豊臣秀吉가 죽고 도쿠가와 이에야스德川家康로 정권이 넘어갔던 반면에, 오직 조선만은 선조정권이 강고하게 유지되었다. 청과 일본은 16세기 이후에 서구의 여러 나라들과 제한적이나마 개방적 교류를 진행하면서 해금海禁의 족쇄를 서서히 풀어내고 있었던 반면에, 조선은 해금의 정책을 더욱 견고하게 유지해 갔다. 성리학 사상에 심취해 있던 당시 조선의 위정자와 지식인들은 여진족이 중국을 지배하여 오랑캐의 문화로 물들이고 있다고 여기고 중화中華의 문명을 지켜낼 수 있는 나라는 오직 조선밖에 없다는 '소중화小中華'의 자부심을 가지고 있었다. 그리고 이러한 자부심은 '바른 것을 지키고 사악한 것을 배척한다'는 위정척사衛正斥邪의 이데올로기로 고착화되었다. 다분히 독선적이고 배타주의적인 성격을 지닌 위정척사의 이데올로기는 해금海禁의 정책을 더욱 강화하여 서양오랑캐洋夷와 왜오랑캐倭夷를 배척하는 사상적 배경이 되었던 것이니, 이것이 흔히 '쇄국정책'이라 불리는 조선의 극단적 폐쇄주의 정책이었다.

조선 조정은 바다를 오랑캐 문화가 유입되는 사악한 통로로 간주하였다. 바다를 통해 외국에 못나가게 했고, 바다를 통해서 외국인을 들어오지 못하게 철저히 막았다. 이는 고려시대까지 대외적 통로가 주로 바다였던 것과 대조를 이룬다. 조선 조정은 청나라의 배를 '황당선荒唐船'이라 부르고 서양의 배를 '이양선異樣船'이라 부르며 배척하였다. 그 과정에서 서양의 이양선과 일련의 충돌 사건이 일어나기도 했으니, 1866년의 제너럴셔먼호 사건과 병인양요 사건, 1871년의 신미양요 사건 등이 그것이다. 그리고 일본의 선박과 충돌 사태가 일어나기도 하였으니, 1875년의 운요호 사건이 그것이다. 운요호 사건을 빌미 삼아 일본은 조선을 강요하여 1876년 조일수호조규(일명 강화도조약)를 체결하였고, 이를 통해 부산, 인천, 원산의 3개항을 개항하도록 하였다. 이로써 조선의 해금정책은 470여 년 만에 강제 폐기되었다. 그리고 열강들의 위협이 한꺼번에 몰아닥치자 조선의 위정자들은 이를 감당하지 못하고 우왕좌왕하였다. 그리고 마침내 1910년 일본에 병탄당하는 수모를 겪어야 했다.

3면이 바다인 나라치고 500년 가까운 장구한 세월을 엄격한 '해금'으로 일관한 사례는 세계사상 유례를 찾아보기 어렵다. 조선의 양반들은 바닷가에 사는 것을 금기시 했고, 바닷가나 섬에 사는 이들을 천시했다. 신년 토정비결에서 '물가에 가지마라'는 경구警句가 가장 일상적인 괘로 나올 정도로 바다는 위험의 상징 공간으로 간주되었다. 이러한 풍조는 장구한 세월을 거치면서 깨기 어려운 두터운 문화로 고착화되었고, 역사의 관성慣性이 되어 다시 '해양의 시대'를 운위하는 오늘날에서조차 우리의 인식에 작동하고 있다. 우리가 아직도 부지불식간에 섬과 바다를 경시하고 천시하는 인식을 가지고 있는 것은 바로 이러한 역사적 배경에서 연유한다고 할 수 있다. 이는 대양 진출의 큰 흐름을 주도하는 진일보한 성취를 내면서도 연안바다에 대해서는 여전히 소극적으로 생각하는 이유이기도 하다. 따라서 우리는 21세기에 다시 '해양의 시대'를 맞아, 해양을 방기하고 천시했던 '해금의 시대'의 역사적 내력을 반성적으로 성찰하고, 그 이전 해양을 중시하고 적극 활용했던 '옛 해양의 시대'를 의식적으로 반추하고 계승하려는 노력을 기울일 필요가 있는 것이다.

4. 해양사의 관점에서 세계사 다시보기

오늘날 우리의 세계사 인식은 다분히 편의주의적 체계로 이루어진다. 세계사 개설서나 교과서는 세계사의 유기적 통합체계를 구현하지 못하고 흔히 서양사와 동양사를 분절적으로 단순 결합하는 편의적 방식을 채택한다. 이중 동양사의 경우 중국사 중심으로 설정되고 동양의 각국사는 구색 갖추기를 위한 부분으로 배치되곤 한다. 심지어는 동양의 역사와 서양의 역사를 각각 따로 배치해놓고서 '세계문화사'라는 이름으로 출판되는 것을 심심치 않게 볼 수 있다. 역사 연구자들이 동양사와 서양사의 전공자로 구분되어 있고, 더 나아가 각국사와 각국의 시대사 전공자로 더욱 세분되어 있어서, 이를 유기적으로 통합하는 세계사 체계를 건설한다는 것은 지극히 낯설고 어려운 일이 될 수밖에 없다.

이와 함께 오늘날 통용되는 세계사 인식체계가 다분히 근대가 만들어낸 유럽 중심적 사관에 경도되어 있다는 것도 또 하나의 문제이다. 근대 유럽세계가 성취한 문명과 문화가 언제나 지배적이고 보편적이며, 타 세계의 그것은 열등하고 지배당할 수밖에 없는, 다분히 숙명적인 것으로 간주되곤 한다.

근래에 이에 대한 반론이 일어나고 있다. 월러스틴Immanuel Maurice Wallerstein과 재닛 아부-루고드Janet Abu-Lughod, 그리고 안드레 군더 프랑크Andre Gunder Frank 등이 제기한 '세계체제론'이 그것이다. 근대 이전에도 세계체제는 존재했고, 그 중심은 대부분 시기 중국과 인도를 필두로 한 아시아에 있었다고 한다. 유럽이 세계체제의 중심부 역할을 수행한 것은 근대의 짧은 기간에 불과하며, 그 중심부는 미국을 거쳐 다시 서서히 아시아로 옮겨오고 있다는 것이다. 중심부와 주변부의 설정을 기조로 하여, 역사적으로 중심부가 교대된다는 다분히 문명순환론적 관점에 입각하는 '세계체제론'

은, 확실히 유럽중심적 사관을 극복하는 새로운 대안적 이론이 될 수 있다.

그러나 주로 경제나 인구 규모와 같은 양적 경제 지표를 통해서, 중심부와 주변부의 교대현상을, 예컨대 '아시아 중심의 세계체제에서 유럽 중심의 세계체제로, 그리고 다시 아시아 중심의 세계체제로 이행한다'는 식으로 설명하는 이러한 시도는 자칫 변화의 현상적 파악에 머물러, 그 변화의 동인을 가볍게 처리할 우려가 있다. 따라서 이러한 우려를 다소나마 해소하기 위해서는, 중심부와 주변부를 구분하고 그 교대 과정의 현상을 파악하는 시도와 함께, 동시대의 아시아와 유럽, 그 밖의 지역문화권들 사이에 개재하는 문화시스템의 차이에 주의를 기울이는 노력도 병행할 필요가 있다.

이 점에서 해양사의 관점은 편의주의적, 유럽중심적 세계사 인식의 한계를 극복할 수 있는 하나의 유력한 대안일 수도 있다. 이를 통해 아시아의 해양세계와 유럽의 해양세계를 대비시킴으로서 유럽이 근대기에 세계체제의 중심부로 용립聳立되어 간 과정과 오늘날 새로운 세계체제 성립의 동인을 구체적으로 살필 수 있다. 이런 관점에서 전근대 유럽과 아시아의 문화시스템의 차이를 예로 들어서 해양사의 관점에서 양자를 시론적으로 대비시켜 보기로 하자.

먼저 전근대 유럽은 지중해the Mediterranean를 중심으로 문화가 형성·발전·전파되는 과정을 겪었다. 고대 이래 지중해 패권을 둘러싼 치열한 해전이 치러졌다. 한때 로마는 지중해의 패권을 장악하고 그 패권을 장기지속적으로 유지하기 위하여 지중해를 '우리의 바다'라 선언하기도 하였다. 여기에 동방의 페르시아·아라비아 세력이 지중해 패권 쟁탈전에 가세하였고, 7세기 이후엔 이슬람교로 결집된 아랍 이슬람세력의 강력한 도전에 직면하게 되면서 그 패권 쟁탈전은 더욱 치열한 모습을 띠어 갔다. 그 과정에서 지중해를 중심으로 전개되었던 유럽의 폭력적 해양 쟁탈의 에너지는 점차 지중해를 넘어섰고, 인도양으로 대서양으로 파급되어 비교적 평화롭게 전개되던 다른 해양세계를 폭력적으로 장악하면서 근대 유럽의 주도권을 관철해 갔다.

아시아의 해양세계는 이와 달랐다. 전근대 아시아의 여러 나라는 중국과 인도를 중심으로 비교적 평화적인 관계를 유지하였다. 특히 중국은 그의 대륙성을 바탕으로 아시아의 해양에 영향력을 행사하면서 주변 국가들을 조공책봉체제로 편입시켜 갔다. 동남아시아 역시 중국의 이러한 조공책봉체제의 영향을 받으면서 인도를 매개로 하여 이슬람세력과도 평화로운 해양교류를 전개하였다. 그러던 중 14세기 명 왕조가 등장한 이후에, 중국은 획일적인 조공책봉체제를 전아시아에 확고히 착근시키기 위하여 '해금海禁'을 기조로 하여 정화의 대원정이라는 무리수를 두었다. 그리고 이후 '해금'은 더욱 강화되었고 조공책봉체제는 더욱 경직되었으며, 이에 따라 아시아의 해양교류는 위축을 면치 못하게 되었다. 이런 와중에 이른바 '왜구'라 불리는 폭력적 해양세력이 횡행하더니 여기에 폭력으로 단련된 유럽의 해양세력이 침투해 들어오면서 평화롭던 아시아의 바다는 유럽식 해양 패권을 다투는 폭력의 장으로 변모되어 갔다.

아프리카나 아메리카, 그리고 오세아니아 등 여타의 대륙 역시 유럽의 해양진출에 의해 어떻게 반응하고 예속되어 갔는지도 같이 살펴져야 할 것이다. 이를 위해서라도 그들의 전근대 문화체제가 해양을 중심으로 어떤 특징을 띠면서 형성·유지되어 갔는지 구체적으로 탐색하는 작업이 필요하다. 여기서는 이를 염두에 두면서 해역에 대한 인식의 확대 과정에 유의하면서 해양사를 통한 세계사 인식의 큰 틀을 시론적으로 제시해 보기로 한다.

해양은 역사문화의 관점에서 몇 개의 해역으로 구분할 수 있다. '동양'과 '서양'의 구분이 그것이다. 오늘날 '동양'과 '서양'의 개념은 아시아대륙과 유럽대륙이라는 육지적 개념으로 통용되고 있지만, 실은 '동쪽에 위치한 아시아인의 바다'와 '서쪽에 위치한 유럽인 바다'라는 해양적 개념에서 나온 말이다. 그런데 그 연원을 더 소급해 올라가 보면 동양과 서양의 개념이 원래 아시아의 바다를 양분하는 개념으로 쓰인 적이 있다는 흥미로운 주장을 접하게 된다.

이 주장은 대개 이러하다. 송·원대에 동남아와 그 이서以西의 바다로 진출하여 해상 교류가 활성화되고 해양 정보가 축적됨에 따라, 중국인들은 이제까지 막연히 '남해'라 부르던 동남아 이서의 바다를 동·서 해역으로 구분하는 인식을 갖게 된다. 먼저 송대에는 광주와 브루나이를 남북으로 연결하는 선을 경계로 동남아의 해역을 양분하여 그 동쪽 해역을 동양으로, 서쪽 해역을 서양으로 칭한다. 그러다 원대에 이르러 해양에 대한 정보가 뱅골만 해역으로 확대됨에 따라 수마트라 섬과 말레이 반도 사이의 말라카 해협을 경계로 하여 그 동쪽의 동남아 해역을 통틀어 동양으로, 그리고 서쪽의 뱅골만 해역을 서양으로 부르게 된다. 이렇듯 보다 확대된 동양과 서양의 개념이 성립되면서, 앞 시기의 서양과 동양은 각각 '소동양'과 '소서양'으로 칭하게 된다.

이 주장에 따른다면 결국 동양과 서양의 개념은 중국인이 해양활동을 확대해 가면서 아시아의 해역을 동과 서의 권역으로 구분한 것에서 시작되고 확대되었다고 할 수 있다. 그러던 것이 대항해시대를 거쳐 제국주의시대에 이르러 유럽인들이 세계사를 주도함에 이르자 아시아의 해역(동양)과 유럽의 해역(서양)으로 양분하는 개념으로 쓰였으며, 급기야 오늘날 '아시아권'과 '유럽 및 신대륙권'을 각각 분칭分稱하는 통문화적 개념으로 확대 인식되기에 이르렀다고 할 수 있다.

이처럼 동양과 서양의 개념은 중국인에 의한 소동양과 소서양에서 동양과 서양으로, 그리고 유럽인에 의한 동양과 서양으로 전변되어 갔다고 한다면, 그 과정에서 해역에 대한 인식의 주체가 바뀌고 그들이 인식하는 해역의 범위가 확대되었을 뿐만 아니라 마침내 그 개념이 내포하는 성격까지도 변질되었다는 사실을 살필 수 있다. 그리고 그 과정을 살피다 보면 전 세계의 바다를 하나의 바다로 인식하게 된 것은 그리 오래된 일이 아니라는 사실도 인지할 수 있다. 즉 고대인들은 아주 협소한 해역만을 분절적으로 인식하는 단계에 머물러 있었고, 그 이후 해역에 대한 인식이 점차 확대해 가면서 마침내 전 세계의 바다가 하나라는 것을 인식하기에 이르렀던 것이다. 이런 견지에서 해양세계에 대한 역사적 접근은 각 시대에 해역에 대한 인식과 그 범위가 어떠했고, 그것이 어떻게 확대되었는지에 대한 문제의식에서 출발할 필요가 있다. 이를 시론적으로 살펴보기로 하자.

먼저 고대인들은 비교적 협소한 해역의 범위를 분절적으

로 인식하는 단계에 머물러 있었다. 그들이 인식하는 분절적 해역의 범위는 대개 '육지로 둘러싸여 있는 바다'에 한정되었다. 이를 '보통명사 지중해地中海'4)라 부를 수 있다면, 이런 보통명사 지중해는 ① '남유럽 지중해', ② '동남아 지중해', ③ '동북아 지중해', ④ '북유럽 지중해', ⑤ '아라비아 지중해' 등이 있을 수 있다. 이들 '지중해'들은 각 고대 문명권 단위의 해역 인식과 해양 교류의 범위에 해당한다.

이후 지중해에 한정되던 해역 인식의 범위를 넘어서는 해양 교류의 확대 현상이 나타났다. 먼저 8세기 이후에 이슬람세력이 '남유럽 지중해the Mediterranean'와 '동남아 지중해'로 진출하여 원래 그들의 해역이었던 '아라비아 지중해'를 매개로 하여 두 지중해를 연결시키고 세 지중해를 인도양세계에서 소통시키면서, 해역 인식은 1차 확대가 이루어졌다. 그리고 15세기 이후에 이베리아 반도의 포르투갈과 에스파냐가 인도양항로와 대서양항로를 개척한 이후에 유럽인들이 인도양세계와 대서양세계로 진출하게 되면서 해역 인식의 2차 확대가 이루어졌다. 또한 1622년 마젤란 선

---

4) '보통명사 지중해'는 보통명사 지중해는 단순히 '육지로 둘러싸여 있는 바다'를 통칭하는 개념으로, 유럽의 남부 연안과 아프리카의 북부 연안, 그리고 서아시아의 서부연안으로 둘러싸여 있는 해역을 지칭하는 '고유명사 지중해(the Mediterranean)'와는 구별된다. 따라서 'the Mediterranean'도 보통명사 지중해의 한 부류로서 '남유럽 지중해'라 칭할 수 있다.

단의 세계 일주 이후에 태평양세계가 추가 인식되고 남북 아메리카와 오세아니아의 신대륙에 새로운 국가가 건설되면서 전 지구적 해양세계를 포괄하는 해역 인식의 3차 확대가 이루어졌다.

해역 인식의 이러한 확대 과정은 세계사의 진행과 발전 과정을 잘 반영한다고 할 수 있다. 이에 해역 인식의 확대 과정을 기준 삼아 유기적인 세계사 인식체계를 위한 새로운 시대구분을 설계해 보면 다음과 같다.

- 지중해의 시대: 고대 문명 단위의 분절적 해역 인식
- 인도양의 시대: 이슬람세력에 의한 해역인식의 1차 확대
- 대서양의 시대: 유럽세력에 의한 해역인식의 2차 확대
- 태평양의 시대: 신대륙 개척에 따른 해역인식의 3차 확대

이러한 세계사 시대구분을 다시 필자가 앞에서 제시한 한국해양사의 시대구분과 대응시켜보면 다음과 같다.

- 지중해의 시대: 연안해로의 시대(삼국시대 이전)
- 인도양의 시대: 해양실크로드의 시대(통일신라~고려시대)
- 대서양의 시대: 해금의 시대(조선시대)
- 태평양의 시대: 해양의 시대(개항 이후)

이는 한국해양사의 전개과정을 세계해양사의 흐름과 대비하고 자리매김할 수 있는 해양사 시대구분의 시론적 틀로 활용할 수 있지 않을까 한다. 그런데 이에 의하면 세계사가 한 방향으로만 전개된 것이 아니라, 각 문화권의 사정에 따라 오히려 반대의 방향으로 전개되기도 했던 것을 알 수 있다. 예를 들어 '대서양의 시대'를 보면, 유럽사회는 인도양과 대서양으로 치고 나가 '대항해의 시대'를 열었던데 반해, 동아시아(특히 우리나라)는 해양활동을 금지하는 '해금의 시대'로 나감으로써, 역사 전개의 엇갈림이 있었음이 선명하게 나타난다. 이는 세계사가 동일한 합법칙적 발전과정을 밟아온 것으로 파악한 근대적 역사인식의 3시대(고대, 중세, 근대) 구분법과는 판이한 양상이다. 따라서 해양사에 의한 새로운 시대구분의 시도는 근대적 역사인식과 시대구분에 대한 포스트모던적 반성의 의미가 있을 수 있다.

참고문헌

- 강봉룡, 『바다에 새겨진 한국사』, 한얼미디어, 2005.
- 강봉룡, 『바닷길로 찾아가는 한국고대사』, 경인문화사, 2016.
- 윤명철, 『한국해양사』, 학연문화사, 2003.
- 장학근, 『바다와 한국의 역사』, 연경문화사, 1998.
- 정수일, 『고대문명교류사』, 사계절, 1992.
- 주경철, 『대항해의 시대』, 서울대학교 출판부, 2008.
- 미야자키 마사카쓰, 이규조 옮김, 『정화의 남해 대원정』, 일빛, 1990.

더 읽어볼 책들

• 장학근, 『바다와 한국의 역사』, 연경문화사, 1998.

고대부터 근대에 이르기까지 지상과 바다에서 일구어 온 선조들의 삶의 모습을 정리한 책이다. 고구려의 고대국가성립과 해양진출, 백제의 요서경략설, 나당연합군의 백제공략, 해상세력 왕건의 집권과정, 해군창설과 해양방위에 이르기까지를 기술했다.

• 강봉룡, 『바다에 새겨진 한국사』, 한얼미디어, 2005.

한국사의 잊혀진 무대, 한국 해양의 역사를 살펴보는 책이다. 풍부한 사료를 토대로, 바다와 함께 발전한 우리 역사 이야기를 전해준다. 그동안 대륙사관에 파묻혀 있던 역사의 풍토를 반성하고, 대륙사와 해양사를 정당하게 평가하고 결합하여 새로운 해륙사관을 정립하고자 했다. 선조들이 개척해 온 바닷길과 해상교역을 통해 발전한 고대 사회, 바다를 무대로 펼쳐지는 권력투쟁과 전쟁, 그리고 바다에서 세력을 떨친 해양영웅들의 역동적인 면모를 생생하게 보여준다.

• 주경철, 『대항해 시대』, 서울대학교출판부, 2008.

근대 세계사를 해양 세계의 발전이라는 새로운 관점에서 재해석한 책이다. 근대 해양 세계의 팽창을 균형 잡힌 시각으로 다루고자 했다. 제1부에서는 근대 세계의 전반적인 구조가 어떤 과정을 통해 어떻게 구성되었는지를 전체적으로 조망한다. 제2부에서는 세계 문명권들이 상호 접촉하는 과정에서 구체적으로 어떤 일이 일어나는지를 폭력이라는 키워드를 통해 정리하였다. 제3부에서는 세계화와 지역화가 동시에 일어나는 근대 세계에서 사람들의 삶과 문화가 어떻게 변화했는지를 살펴본다.

• 강봉룡, 『바닷길로 찾아가는 한국 고대사』, 경인문화사, 2016.

해로를 통해 고대 동아시아를 이해하는 책이다. 서남해 연안해로, 동남해 연안해로, 통일기 동아시아 대전의 발발과 해전, 통일신라시대 동아시아 해양무역의 발전, 나말여초 장보고의 유산을 둘러싼 쟁패 등의 내용으로 구성되어 있다.

한민족의 해양활동과
'해륙海陸국가론'

윤명철

동국대학교 사학과를 졸업하고 성균관대학교에서 역사학 석사 및 박사학위를 받았다. 주요 연구분야는 고구려사와 동아시아 해양사이며, 광개토 태왕을 통해 21세기의 '고구리즘 (gogurism)'의 실현을, 장보고를 통해 동아지중해 물류장 역할론을 꿈꾸고 있다. 현재 동국대학교 교양교육원 교수로 재직 중이며 해양문화연구소 소장, 유라시아실크로드연구소 소장, 고구려연구회 이사 등으로 활동하고 있다. 주요 저서로 『동아지중해와 고대일본』, 『한민족의 해양활동과 동아지중해』, 『고구려 해양사 연구』, 『장보고의 나라』, 『광개토 태왕과 한고려의 꿈』, 『장수왕 장보고 그들에게 길을 묻다』 등이 있다.

한민족의 해양활동과 '해륙海陸국가론'

1. 들어가는 글

동아시아의 역사상은 물론이고 한민족문화가 생성하는 과정과 체계를 이해하려면 몇 가지 전제가 필요하다. 우선 '범아시아권'을 설정할 필요가 있다. 한민족 문화는 원핵을 중핵으로 삼아 범아시아로 설정한 터에서 7개+@의 길을 통해서 교류되는 문화와 습합되는 과정에서 생성되었다. 그 범아시아의 부분이면서 한민족 문화를 수렴하는 더 큰 단위로서 동아시아가 있다. 동아시아는 지리와 지형 기후 등의 자연환경을 고려할 때 동아시아 및 동북아시아의 일부지역, 동남아시아의 일부지역을 포함하여 더 확장된 단위로 재설정할 필요가 있다. 그러나 전형적인 동아시아의 지리적인 범주는 아시아 대륙의 동쪽 하단부에 위치해 있으면서 중국이 있는 대륙, 만주 일대와 연해주 남부와 사할린 지역, 그리고 한반도, 일본열도라는 육지, 그리고 해양으로 구성되어 있다. 특히 육지로만 구성된 내륙지역이 아니다. 긴 선과 넓은 면적으로 대륙과 해양이라는 두 자연환경이 만나면서 동시에 작동되고, 유기적인 관계를 맺고 있는 해륙적 환경을 지닌 세계로서 지중해적인 형태와 성격을 띠고 있다. 특히 우리의 역사터였던 한반도와 남만주 일대는 북으로는 육지와 직접 이어지고, 바다를 통해서 모든 지역들과 연결되는 지역이다. 그러므로 자연환경을 놓고 볼 때 동아시아의 역사상과 한민족의 역사상은 대륙과 반도, 해양이라는 자연을 통일적이고 유기적인 하나의 단위로 보는 시각, 해륙적인 관점이 필요하고, 특히 소외되었던 해양의 위치와 역할을 재인식하는 '해륙사관海陸史觀'과 '해륙문명海陸文明'이라는 틀 속에서 볼 필요가 있다. 이러한 자연적 환경으로 인하여 내부적이건, 대외관계에서건 역사가 발전하는 데에 해양적인 역할이 매우 클 수밖에 없었다. 이 지역에서 명멸했던 모든 종족들과 국가들은 이 해양의 영향을 어떠한 형태로든 받은 것이다. 그러므로 해양적인 특성을 통해서 역사상을 살펴보고 규명하는 것은 너무나 당연한 일이다.

2. 동아지중해의 해양 환경

동아시아는 아시아 대륙의 동쪽 하단부에 자리하면서 중국이 있는 대륙, 북방으로 연결되는 대륙의 일부와 한반도, 일본열도로 이루어져 있다. 한반도를 중심핵core으로 하면서 한반도와 일본열도 사이에는 광대한 넓이의 동해와 비교적 폭이 좁고, 넓지 않은 남해가 있고, 중국과 한반도 사이에는 황해라는 내해inland-sea가 있다. 그리고 한반도의 남부(제주도 포함)와 일본열도의 서부(큐슈지역), 그리고 중국의 남부지역(양자강 이남에서 복건성 지역을 통상 남부지역으로 한다.)은 이른바 동중국해를 매개로 연결되고 있다. 지금의 연해주 및 북방, 캄차카 등도 동해 연안을 통해서 우리와 연결되고 있으며, 타타르해협을 통해서 두만강 유역 및 연해주지역과 건너편의 사할린·홋카이도 또한 연결되고 있다. 즉 다국간 지중해multinational-mediterranean-sea의 형태와 성격을 지니고 있다. 황해는 38만㎢인데 한반도와 요동반도 중국대륙을 연결하고 있다. 발해는 7.7만 평방

〈지도 1〉 동아지중해의 범위도

km인데, 선사시대에는 해안선이 지금보다 더 내륙으로 들어갔다. 남해는 대마도를 사이에 두고 한반도와 일본열도 사이에 있는 협수로이다. 동해는 남북 길이가 1700km, 동서 최대 너비는 1000여 km, 면적이 107만㎢로서 3분의 1을 차지하고 있다. 여기에는 우리의 인식이 못 미치는 타타르해협Tatar-strait까지 포함한 것이다.

〈지도 2〉 한민족의 대외진출도

필자는 이러한 인식을 갖고 '동아지중해東亞地中海, EastAsian-mediterranean-sea'라고 명명한 모델을 설정해서 동아시아 역사를 해석해왔다. 지중해는 나름대로 몇 가지의 특성을 가지고 있다. 이동성mobility이 강하여 각 지역 간의 이동이 비교적 자유롭고, 비조직적이므로 국가의 형성과정이나 정치집단들 간의 관계도 매우 복잡하다. 해양력의 강약에 따라 국력이 결정되었다고 볼 수 있다. 한편 정치·군사적인 것보다는 교역·문화 등 구체적인 이해관계를 중시하는 경향이 있다. 항상 개방적이고 여러 가지의 다양한 문화를 전파하고, 수용할 수밖에 없다. 전형적인 정착성stability문화와 이동성mobility문화가 이곳에서 만나 상호보완한 것이다.

다른 바다도 그러하지만 특히 황해는 좁고, 거리도 짧아 (중부는 약 300~400km 정도) 중국과 한반도의 서부해안 전체, 그리고 만주남부의 요동지방을 하나로 연결하였으며, 해상 상태도 안정되어 흡사 호수 같은 성격을 지니면서 인접한 모든 나라들이 무리 없이 공동으로 활동할 수 있는 터전(場) 의 역할을 하였다. 그렇기 때문에 비교적 일찍부터 인간과 문화의 교류가 빈번했고, 그 결과로 비교적 공질성共質性을 토대로 친연성이 강한 문화권이 형성되었다. 뿐만 아니라 바다 주변의 나라들이 흥망을 되풀이하고 국제질서가 격렬 하게 재편되는 과정에서 해양질서는 매우 중요하고, 의미 있는 역할을 했다. 그리고 한반도는 이 지중해의 한가운데 (中核)에서 모든 육지와 바다를 연결하고 있다. 그러므로 해 양문화가 발달할 수밖에 없었고, 또 그것을 활용하는 정도 에 따라 민족의 위치가 영향을 받았다. 그럼에도 불구하고 우리는 해양문화에 대한 관심도 별로 없었고, 과거에는 해 양활동이 남달리 활발했었다는 사실을 망각하고 있었다.

3. 해양문화의 특성

해양활동이 우리역사에서 어떠한 역할을 했는가를 정확

하게 알기 위해서는 해양문화의 특성과 메커니즘에 대한 전제가 필요하다. 해양문화와 역사상을 이해하는데 육지와 농토에 터를 잡고 정주적인 성격stability을 가진 농경민의 인식과 생활방식으로 해석하면 무리가 뒤따른다.

해양문화의 특성을 살펴보면 몇 가지가 있다. 첫째, 그들은 자체의 세력들로 정치력을 행사하려는 호족성이나 중앙정부에 귀속되지 않고, 독자적으로 행동하려는 무정부성을 지니고 있다. 해양세력들이 호족적인 성격을 띄우고, 무정부적이 되는 것은 어쩔 수 없는 해양문화의 메커니즘 속에서 파악해야 한다. 둘째, 해양문화는 모방성과 공유성 등이 강하다. 해양에서는 다른 지역이나 나라, 문화 간에 교류가 빈번하기 때문에 주변 문화와 공통성共通性이 많다. 정치적으로 제약이 훨씬 덜하고, 교류가 비교적 자유로운 편이다. 또한 해류, 조류, 바람, 해상조건 등이 모두에게 공통적인 것이므로 해양인들 사이에는 기술과 경험을 공유하는 일이 서로를 위해서 필요하다.

셋째, 해양문화에서 전파와 이동은 비조직성을 띄고 있다. 배를 건조해서 고 바다를 항해하려면 고도의 기술력이 필요하고, 규모는 소규모이며, 비조직적이다. 그뿐만 아니라 불규칙적이어서 연속적이지 못하다. 넷째, 해양문화는 불보존성이라는 특성을 지니고 있다. 담당자가 해양을 무대로 활동하는 해양인이거나 지방세력일 경우가 대부분이었다. 때문에 스스로 기록하지 않은 경우가 많았다. 또한 남기는 유형문화가 적을 뿐더러, 설사 있었다 해도 바다 속에 가라앉아 흔적을 확인하기 어렵다. 이러한 불보존성의 특성을 감안하지 않고, 기록과 유물이 부족하거나 없다고 해서 해양문화가 부재했거나 발달하지 못했다는 식의 역사 해석은 잘못된 것이다. 이러한 몇 가지 전제를 충분히 이해하지 못하거나 경시할 경우에는 전 근대시대의 해양역사가 어떠했는가를 이해하는 일은 물론이고 문화를 해석하는 데에도 혼란을 초래한다.

동아지중해 지역에서는 항해술과 조선술 등 해양문화가 발달하였다. 또한 해양력의 강약 여부와 정도에 따라서 집단의 성격과 국가의 위치가 결정되었다. 그런데 한반도는 삼면이 바다이고, 그 바다를 통해서만이 동아시아의 여러 지역들이 상호간에 관계를 맺을 수밖에 없다면 자연스럽게 소위 한반도는 이러한 해양질서의 한가운데에 있으면서 중요한 역할을 할 수밖에 없었을 것이다.

그럼에도 불구하고 해양활동이 활발하고, 역사발전에 적극적이고 능동적으로 활용한 반도가 아니라 오히려 해양활동이 미약하고, 바다에 포위되어, 소극적이고 제한된 공간으로서의 반도라고 인식한 경향이 있었다. 따라서 독자성과 고유성이 미약한, 시대에 따라서는 대륙의 부수적인 주변부 역사로서 인식했다. 특히 모든 분야에 있어서 中國(애매모호하고, 시대적 구분이 불분명한 개념)의 강한 영향을 받은 것으로 인식하고 있다(필자는 적어도 문화의 교류에 관한한 '환류遷流시스템'이라는 이론을 적용하자고 제안한 바 있다).

4. 동아지중해의 해양활동

1) 선사 시대

동아시아의 해양근처에 살았던 사람들은 선사사대부터 해양문화가 발달하였다. 남해는 부산 근처나 울산과 대마도 등에서 이미 약 6000~7000년 전부터 한일 지역 간에 교섭한 흔적을 보여주는 유물들이 발견되었다. 동해안 북부에 있는 서포항, 황해안 북부인 단동丹東 등 압록강 하구 및 요동반도, 산동반도의 북부 지역에서도 역시 약 6000~7000년 전에 발달했던 해양 유적지들이 발견되고 있다. 남해는 해안선의 굴곡이 심하고 다도해가 많아 일찍부터 해양문화가 발달할 여건을 갖추었다. 특히 황해는 수심이 얕은데다가 중국지역과 만주지역, 한반도가 만나는 공동의

해역으로서 일종의 내해inland-sea이어서 바다가 매우 안정
되고 교류에 매우 유리하였다.

동아시아의 바다들은 쿠로시오 황해난류 대한난류 동한
한류 등 해류의 흐름과 방향이 거의 일정하고, 바람은 계절
마다 일정한 방향성을 가진 계절풍 지대이다. 이러한 조건
들로 인하여 동아시아 해양은 일찍부터 지역 간에 항해하
는데 유리하였다. 동아지중해의 전반적인 문화형태와 해양
유적지들의 분포로 보아 처음으로 해양문화를 발전시킨 사
람들은 황해의 양쪽 연안에 환상형으로 포진한 동이東夷족
이었다. 특히 황해의 서쪽 연안, 즉 현재 중국의 중부 이북
의 해안지역에 거주한 동이족은 해양문화를 발전시켰으며,
해양을 이용해서 벼농사와 고인돌 문화 등을 동아시아의
여러 지역으로 전파하였다.

2) 고原조선과 열국시대

고조선은 황해의 북부해안을 끼고 연해지역에서 발전하
였는데, 특히 요동반도와 서한만, 대동강 하구 지역은 해양
문화가 일찍부터 발달하였다. 고조선의 무덤으로 알려진
기원전 6~7세기경의 강상崗上무덤과 약간 늦은 시기의 누상
樓上무덤 등은 요동반도의 남쪽 끝에 있는데, 특히 강상무덤

은 현 대련시의 해안가에 있어서
피장자가 해양호족 세력이었을
가능성을 보여준다. 그들은 산동
반도의 봉래지역과 요동반도 끝
의 여순지역을 잇는 〈묘도廟島군
도〉〈노철산 수도〉 등을 오고가
며 활동하였으며, 또한 발해만에
서 서한만으로 오고가는 선박들
을 관리하고 통제하였을 것이다.
실제로 강상무덤에서는 보배조
개 등이 나와 남방지역과 무역을

〈지도 3〉 기원 전후 동아지중해의 항로도

했음을 알려주고 있다. 고조선은 춘추전국 시대에는 산동
지역에 있었던 제齊나라 등과 무역을 하였다. 『관자管子』라
는 책에는 조선의 명산물인 문피文皮가 중요한 무역품이었
음을 기록하였다.

　기원전 2세기 말에 위만조선과 한漢나라 간에 벌어진 전
쟁은 가치가 높아지는 황해북부의 해상권을 둘러싼 역학관
계를 재편하려는 두 나라의 정책이 충돌한 전쟁이었을 가
능성이 크다. 한나라의 동방진출과 경제권의 확대는 위만
조선의 성장과 갈등을 야기 시켰고, 결국은 양자의 운명을
건 대 전쟁이 발발한 것이다. 양 국은 육지와 발해에서 수륙

양면전을 펼치면서 1년이 넘은 공방전을 벌였다. 결국 위만조선의 패배로 끝나고 말았으며, 이후 한사군과 열국시대가 도래했다.

한편 한반도의 중부 이남에는 기원을 전후한 시대에 삼한三韓이란 체제 안에 78개의 소국 공동체가 있었다. 이들은 넓은 의미의 고조선 공동체의 일원이었을 것이다. 그 소국들은 최근에 계속해서 발견되는 유적과 유물들을 보이듯 활발하게 해양활동을 하였다. 이 시대의 역사를 기록한 삼국지·후한서 등 중국 측의 사서도 이러한 상황을 보여준다. 이 소국들은 가까운 소국들 간에 이루어지는 교섭은 물론이고, 한반도의 북부 연안 요동반도로 이어지는 연안 지역과 교류하였으며, 남쪽으로는 주호州胡(현재의 제주도로 추정), 또는 일본열도 내에 서서히 만들어지고 있었던 소국들 및 중국의 지역과도 다양한 형태로 교류를 하였다.

『삼국지三國志』의 한전韓傳에는 이와 연관된 몇 몇 기록들이 있다. 예를 들면 "삼한三韓이 철철鐵을 매매하고 있었으며 교역의 범위는 바다건너 주호州胡와 왜倭에 이르렀다", "주호국州胡國이 배를 타고 왕래를 하면서 한韓의 국중國中에서 물건을 사고 팔았다", "진한辰韓이 생산한 철철鐵을 교역하고 철을 화폐로 사용하였다" 등이다. 이 소국들이 있었던 위치를 현재의 지형이 아닌 고대의 지형을 추정하여 살펴보았더니 대부분이 해안가의 포구나 큰 강의 하구에 위치하고 있음을 발견할 수 있다. 해양과 직접 간접으로 관련이 있었다고 볼 수 있다. 필자는 1995년에 발표한 논문에서 이러한 위상을 가진 소국들을 일종의 '나루국가(해양폴리스)'라고 규정했고, 그 후 이 논리를 보완하고 발전시켜 '하항河港도시' '해항海港도시' '강해江海도시' 등의 이론을 전개하면서 소위 삼한의 항구도시국가론을 제안하였다.

일본에서는 청동기문화와 철기문화에 해당하는 시대를 야요이彌生문화(서기전 3세기부터 서기 후 3세기까지)라고 부른다. 이 시대에 만들어진 옹관묘 등 무덤의 양식이나 토기, 농기구, 무기 등을 보면 한반도 남부에서 건너간 문화가 주축을 이루었음을 알 수 있다. 더욱이 요시노가리 등 몇몇 유적지에서 발견된 인골은 한반도 남부의 사람과 동일하기 때문에 주민들이 집단을 이루어 조직적으로 이동하였음을 알려주었다. 이러한 이동은 남해 동부에서 큐슈 북부로 이어지는 통상적인 남해항로 외에도 한반도의 각 지역, 특히 동해 남부에서 출발하여 일본열도의 혼슈 남쪽으로 도착하였다. 물론 바다를 건넌 이러한 대이동은 조선술과 항해술 같은 해양문화가 발달해야만 가능한 일이다.

3) 사국 시대

(1) 고구려

고구려는 초기부터 고조선의 해양활동 능력과 영역을 계승하여 활용했을 것이다. 남만주 지역에 동맥처럼 발달한 송화강 압록강 혼강 등 큰 강을 이용한 내륙수군활동이 있었고, 한편 압록강 하구인 서안평西安平을 장악함으로써 황해 북부로 진출하였다. 고구려는 중국의 남방 지역과도 교섭을 하였다. 동천왕 때(233년)에 양자강 하구 유역인 건강建康(현 남경)에 수도를 둔 오吳나라와 교섭하면서 담비가죽 1000매와 할계피鶡鷄皮 10구 등의 사치품과 각궁 등 우수한 군수물자를 보냈다. 반면에 오나라는 의복과 귀한 보석 등 사치품을 보냈다. 한 번은 고구려가 말 수백 필을 주었는데, 오나라의 사신이 타고 온 배가 적어서 80필만 싣고 갔다. 고구려는 이 시대에 해양문화가 가장 발달한 오나라와 관계를 맺음으로서 해양을 발전시키는 전기를 마련했을 것이다.

이 때 사용한 국제항구는 현재 단동시내 외곽인 서안평이었는데, 고구려로서는 황해로 나가는 유일한 출해구였고, 중국 세력들에게도 매우 중요한 곳이었다. 한편 한반도 남부의 소국들 및 일본열도의 일부세력과 중국과의 교섭과 교류할 때는 현재 황해도의 해안 또는 대동강 하구의 항구를 많이 이용했다. 이미 중국의 화북 지역에서 명멸하는 국가들과 관계를 맺었던 고구려는 황해북부와 요동반도 남쪽의 해상권을 장악하고, 연안항로 또는 근해항로를 활용하는 일을 외교·군사적 목표로 삼았다. 고구려는 중간에 위치한 산동반도의 해상권을 장악한 위魏나라를 피해서 먼 바다에서 근해항해를 하면서 장거리 외교를 벌였다. 이는 뛰어난 항해술이 아니면 불가능한 일이다.

이후에 고구려는 황해를 남북으로 종단하면서 중국의 남·북조국가들과 더욱 더 활발하게 교섭을 하였다. 특히 광개토대왕은 해양과 연관되어 전개되는 국제질서의 변화와 본질을 꿰뚫어보면서, 현명하게 국가발전정책을 입안하고 실천에 옮겼다. 그는 우선 군사력을 동원해서 22년 동안 전방위 정복정책을 펼치고, 외교노선을 다변화하는 정책을 추진했다. 고구려에게 북방은 국가생존과 직결된 지역이었다. 특히 요동지방은 초원에서 성장한 북방 종족들의 물밀듯한

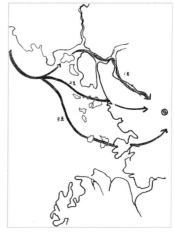

〈지도 4〉 396년에 추진한 수군작전로

남하를 저지할 수 있는 1차 방어선이며, 중국 지역을 동북부방면으로 부터 압박하는 동시에 북방종족들과 결탁하여 협공하거나 견제할 수 있다. 소위 군사전략적으로 가치 있는 '목'이다. 그 외에도 철을 비롯한 풍부한 지하자원의 매장지이며 물류거점뿐 아니라 생산지이기도 한 경제전략지구였다. 또 하나 중요한 점은 황해 동안의 연근해항로를 확보하면서 황해 중부이북의 동쪽 바다를 안전한 내해內海, inland-sea로 삼아 영역권화할 수 있는 것이다.

한편 태왕은 고구려의 원향이며 뛰어난 명마와 질 좋은 담비가죽이 생산되는 북부여의 원토도 영토로 완전히 편입시켰다. 이어 즉위 21년(411년)에 친정군을 이끌고 진군해서 두만강 하구 유역에서 연해주까지 걸쳐 있는 동부여도 완벽하게 장악하였다. 이 작전으로 인하여 연해주 남부바다의 일부와 동해항로의 일부까지도 영역에 포함시켜 경제적으로도 많은 혜택을 얻게 되었다.

태왕이 실천한 정복 작전의 결과로 고구려는 대륙의 남부, 한반도 중부 이북의 북부지역 등 거대한 육지영토를 차지하였고, 거기에 황해 중부 이북, 동해 중부 이북의 해양영토를 확보하여 명실 공히 해륙海陸국가가 되었다. 고구려는 곳곳에 전략적인 거점을 확보하여 질서의 축軸을 세우고, 지정학적 위치를 활용하여 단계적으로 동아시아 국가들을

연결함으로써 자국自國을 중핵core으로 삼은 거대한 망網, net
을 구성하고 동아시아 삼각축의 하나로서 중핵국가가 되어
조정능력을 가지며 한민족 질서의 패자가 되고자 하였다.

　이러한 정책을 계승한 장수왕은 427년에 수도를 대동강
하구인 평양지역으로 천도하고, 475년에는 대군을 동원하
여 한성을 점령한 후에 개로왕을 죽였다. 물론 이 당시에도
수군작전이 병행되었을 것이다. 그 후 남진정책을 계속 추
진하여 한반도의 지배권을 확립하였으며, 해양활동을 더욱
활발히 하였다. 한편 북으로도 진출을 계속하여 현재의 동
몽골 지방인 지두우地豆于 지역을 유연柔然과 공동으로 분할
지배하고자 하였다. 고구려가 4세기부터 일본열도에 진출
한 흔적들이 혼슈남단의 지역에서 발견된다. 하지만 본격

적으로 일본열도로도 진출을 시
작한 것은 5세기부터이며, 6세기
중반에 이르면 일본열도와 본격
적인 해양외교를 전개하였다.

　전성기의 고구려는 한반도의
대부분, 만주전체, 요동반도 그리
고 동해 중부와 황해 중부의 해상
권을 장악하여 동아시아에서 대
륙과 해양을 겸비한 제국적 국가

〈지도 5〉 5-6c 고구려 영역과 종족 분포도

가 되었다. 그리하여 동아지중해의 중핵에서 자연스럽게 분단된 남북조(현재의 상해정권과 북경정권)와 동시 등거리외교를 벌일 뿐 아니라 북방의 유연(현재의 러시아 혹은 몽골)과 동맹을 맺어 송과 연계해 북위를 압박하는 포위망을 구축하는 다국간多國間 외교를 전개했다. 물론 백제, 신라, 가야, 왜가 북중국정권은 물론 남조정권과 교섭하는 것마저 해상통로를 막아 통제하고 조정했다. '동시등거리외교'와 '다핵다중 방사多核多重 放射狀 외교'를 펼치면서 태왕의 구도인 동아지중해 중핵조정역할을 충실하게 완성하여, 정치 외교적으로 강국이 되었다.

(2) 백제

백제는 초기부터 해양활동과 깊은 관련이 있었다. 비류와 온조의 정착과정도 해양과 관련이 깊다. 전기의 수도였던 하남 위례성(풍납토성으로 추정) 등은 해항도시와 하항도시의 성격을 동시에 갖춘 강해도시였다. 경기만으로 흘러드는 한강 임진강 예성강 등의 하계망을 장악하면서, 경기지방을 배후지로 삼아 해양으로 진출하였다. 이러한 지정학적 조건으로 인하여 건국한 초기부터 해양활동이 활발했다. 4세기 초에 이르면 북으로 고구려를 쳐서 황해도 해안

지방까지 장악하였다. 이는 육지의 영토를 확대하는 목적 외에도 황해중부 이북의 해상권을 장악하고 대중교통로의 확대 및 교역상의 이점을 확보하려는 목적도 있었다. 백제의 근초고왕과 고구려의 고국원왕이 생존을 건 전쟁을 벌인 데는 이러한 해양 질서라는 배경이 있었다. 백제는 이 전쟁에 승리한 이후에 중국의 북부지역과 바다를 통하여 교섭을 활발히 하였다. 또한 '요서 진출설'에 보이듯 직접 진출했을 가능성도 있다.

한편 남쪽에서는 마한 세력들을 완전히 정복하고 서해남부지역을 완전히 장악했다. 이후부터는 서해남부의 여러 섬들을 징검다리로 삼아 제주도를 영향권 아래에 넣었으며, 해상으로 일본열도에 본격적으로 진출하기 시작하였다. 영토를 팽창시키는 방식이나 통치방식을 해양과 관련지어 변화시켰다.

하지만 그 후 고구려의 광개토대왕과 장수대왕의 압박과 공격을 받은 끝에 경기만을 빼앗기고, 수도마저 함락당하여 남으로 이전하였다. 그 결과로 해양활동은 일시적으로 위축되었고, 중국의 북조정권과는 외교교섭조차 할 수 없었다. 그러나 동성왕 시대부터 다시 국력을 회복하여 황해남부는 물론이고 남해에서도 활발하게 활동하여 탐라도 백제에 복속되었다. 특히 중국의 강남지역에 자리를 잡은 송제 양진 등 남조국가들과 활발하게 교섭하므로써 정치적인 지위를 향상시키고, 문화를 수용하여 전성시대를 이루었다.

남해항로를 안정적으로 확보한 이후에 일본열도로로 진출을 더욱 적극적으로 하여 온 일본에서 고대국가가 성립하고 불교 등 문화가 발달하는데 결정적인 역할을 담당하였다. 그러나 고구려가 차지했던 경기만을 신라가 나제동맹을 배신한 후에 차지함으로써 국력은 약해지고, 해양활동은 또 다시 위축되었다. 결과적으로는 황해에서 활동할 수 있는 거점을 얻은 신라가 급속하게 성장하고, 이를 토대로 당나라와 동맹을 맺는 것을 허용함으로써 패망의 갈로 들어서고 말았다. 그 후 나당 연합수군은 금강 상륙작전을 시도하여 전격적으로 사비성을 함락시키고, 의자왕은 항복하였다. 이 후에 왜군을 동원하는 등 국제적인 연계 속에 부흥운동을 시도하였다. 하지만 해양을 활용하는데 실패하여 고구려 및 일본열도와 신속하고 긴밀한 관계를 맺지 못했다. 백왜 연합군은 나당 연합군과 백강구 전투 즉 해양전에서 격돌하였으나 실패하고 말았다.

(3) 가야

가야는 변한弁韓·진한辰韓 등의 해양적 전통을 이어받아

초기부터 해양문화가 발달하였다. 특히 김해, 거제도, 고성 지역 등은 해양 및 낙동강의 수계와 연결되면서 일찍부터 해양문화와 대외교역이 이루어진 곳이었다. 기원 전 5000년을 전후한 시대부터 이미 일본열도와 교류한 흔적들이 있다. 따라서 한반도에서 발선한 국가들 가운데 가장 먼저 일본열도로 진출할 수밖에 없었고, 실제로 그들은 일찍부터 정치적인 거점을 마련하였다. 일본 국가가 성립되는 과정에서 유물과 건국신화 등에서 가야적 요소가 유독 많이 나타나는 것은 이러한 이유 때문이다. 가야가 한반도에서 완전하게 멸망할 때 까지 가야와 일본열도간의 교섭은 다양한 형태로 매우 활발하게 이루어졌다. 에가미 나미오江上波夫가 주장해 온 '기마민족 일본열도 정복국가설'이나 일본인들이 근거 없이 자의적으로 해석하여 주장한 '임나일본설' 등은 가야를 비롯한 한반도의 해양문화가 매우 발달했음을 알고, 양 지역 간의 관계를 지중해적 질서와 성격을 토대로 해석한다면 우리에게 더 유리하다. 특히 지중해적인 질서의 특성을 고려한다면 가야연맹의 일부세력은 일본열도에 설치한 일종의 식민자국과 공동운영정권을 운영했을 가능성도 크다.

(4) 신라

신라는 한반도의 동남부에 치우쳐있고, 건국한 초기에는 협소한 경주 분지에 머무르고 있었다. 이러한 지정학적 환경으로 인하여 해양에는 관심이 상대적으로 덜했고, 국제적으로 진출할 능력도 부족했다. 더구나 동해는 바람과 해류 등 항해조건이 안 좋은데다가 동해안은 수심이 깊고 굴곡이 없어서 적당한 항구시설이 없었다. 또한 해외로 진출할 대상지역인 일본 열도의 큐슈는 항로상의 문제나 가야 세력의 견제로 인하여 접촉하기 어려운 상황이었다. 하지만 신라는 점차 성장하면서 동해안 남해안 등 주변 지역으로 영토를 넓혀갔다. 포항(영일만 근오지), 감포, 울산을 외항으로 삼으면서 경주를 점차 해항도시로 변모시켜 갔다. 삼국사기에 기록을 근거하면 초기에는 왜로부터 빈번하게 침략을 당했다. 하지만 일본 창세신화에 나오는 '스사노노미코도'의 존재나 천일창天日槍 신화 등, 그리고 이즈모出雲 등에서 발견된 신라계 유물로 보아 일본열도로 진출을 활발히 했음을 알 수 있다. 물론 주민들이 비조직적으로 끊임없이 진출했을 것이다.

6세기 들어오자 (김)이사부는 동해 북부 해안으로 진출하고, 이어 울릉도인 우산국을 정벌함으로써 해양활동의 전기를 마련하였다. 이어 낙동강 하구의 장악, 한강유역과 경기만의 장악을 계기로 삼아 해양활동 능력을 비약적으로 발전시켰다. 신라는 외교·군사·경제적인 필요성을 느껴가면서 서해중부횡단항로를 이용하여 중국지역과 교섭을 빈번하게 하였다. 당나라와 맺은 군사동맹은 해양을 이용한 비밀외교의 전형적인 예이다. 그 결과 당나라의 대규모 군이 황해를 건너와 이미 서해 중부의 해상권을 장악한 신라의 수군과 연합하여 사비성을 함락시킨 것이다.

사국 시대 한민족과 연관된 동아시아 질서는 단순한 육지위주의 질서, 영토의 확장이라는 관점으로 이해해서는 한계가 있다. 자연지리적으로나 지정학적·지경학적, 지문화적 환경으로 보아 해양과 육지를 동시에 유기적으로 고려하는 해륙적인 관점, 지중해적 성격을 토대로 이해하여야 한다. 특히 한일 관계는 국가와 국가가 아니라 국가와 지역 간의 관계, 국가와 주민간의 관계로 파악해야 한다. 또한 정치와 군사의 관계만이 아닌 문화와 경제 간의 관계로서 이해하여야 한다. 한반도의 국가들은 먼저 주민들의 비조직적인 대량이주를 통해 일본열도의 여러 지역에 진출하였고, 후에는 정치적인 목적을 갖고 조직적으로 진출하였다.

자발적으로 진출한 주민들은 마치 페니키아인이나 그리

이스인들이 지중해의 연안을 항해하면서 신천지를 발견하고 개척하는 과정과 유사했을 것이다. 먼저 상륙한 지점을 항구로 만들고, 그 곳을 거점으로 삼아 자신들의 해양 폴리스들을 건설하였듯이 소국들을 세웠다. 일종의 '식민 모국母國과 식민 자국自國의 관계'이다. 그 소국들이 점차 커지자 모국격인 한반도의 국가들은 경제적인 실리를 취하는 한편 정치적으로 활용하기 위하여 국가사업으로 조직적인 이주 정책을 추진하였을 것이다. 그렇게 해서 일본열도에는 해양환경과 항해조건에 따라 몇 개의 지역에 친가야, 친백제, 친신라계 등의 더 큰 나라들이 만들어졌고, 결국 그 국가들은 격렬하게 통합전쟁을 벌이면서 모국들과의 관계를 적절하게 활용했을 것이다.

그러다가 통합사업이 점차 완료돼갈 무렵에는 정치적으로 크게 성장하고, 경제적으로도 부강해지면서 모국과 맺었던 관계는 재정립될 필요성이 생겼다. 이 과정 속에서 대표적인 세력은 모국과의 관계에서 독립성을 강하게 요구하면서 한반도의 국가들은 물론이고, 중국 지역의 나라 등과도 등거리 외교를 추진하였다. 반면에 모국인 한반도 내의 국가들은 수 백 년 동안 통일을 이루지 못한 채 갈등과 충돌을 벌이다가 결국은 신라가 외세의 힘을 빌어 통일을 완료하였다. 그러자 신질서를 인정하지 않는 세력들은 일본열도로 망명을 하였고, 일본의 통합세력 역시 한반도와는 관계를 완전히 끊고, 오히려 적대적인 관계로 변모하였다.

(5) 동아지중해 국제대전

동아시아 세계에서 7세기는 5세기에 결정되었던 국제질서가 다시금 재편되는 전환기이다. 특히 고구려와 중국세력 간에 벌어진 고수高隋 전쟁, 고당高唐 전쟁, 그리고 소위 신라가 주도한 삼국통일전쟁은 개별적인 전쟁이 아니라 연속성을 가진 동아지중해의 국제대전이다. 또한 전쟁의 배경과 목적 과정 및 결과에서 해양활동과 깊은 연관을 맺고 있었다.

동아지중해 국제대전은 동아시아의 역사에서 몇 가지 성격을 가진다.

첫째, 동아시아의 질서재편을 위한 국제대전의 산물이다. 주축국은 고구려와 신흥중국세력이었지만 백제 신라 말갈 왜 돌궐 거란 선비 등의 종족과 국가들이 직접 참여하였고, 고창국, 토욕혼, 서역 세력들, 중앙아시아 국가들, 토번吐藩, 그리고 사할린에 거주한 유귀流鬼와 캄차카 반도의 夜叉 등도 간접적으로 참여한 국제대전이었다. 고구려와 수의 전쟁은 발발이고, 고구려와 당의 전쟁은 과정이며, 소위 신라에 의한 삼국통일전쟁은 완결로서 계기성을 갖고 있다. 이 전쟁이 끝난 다음에 동아시아에는 현재까지 지속되는 기본질서가 수립되었다. 즉 통일 중국인 당唐, 한민족 국가인 신라 및 발해의 성립, 그리고 신흥국가인 일본의 탄생과 발전이다.

둘째, 국제대전의 과정에서 각 국가가 가진 해양활동능력은 커다란 역할을 하였다. 각 나라 사이의 외교적인 입장과 성과는 교통수단인 해양활동능력에 따라 영향을 받았다. 또한 전쟁의 진행과정에서 나타난 군사적인 측면, 그리고 전후에 신질서가 성립되는 과정에서도 해양능력은 중요한 역할을 하였다.

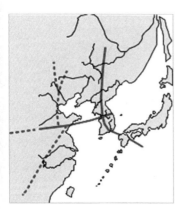

〈지도 6〉 7~8세기 동아지중해 세계의 역학관계

셋째, 완결단계인 소위 삼국통일전쟁은 신질서가 정립되는 과정에서 해양활동의 역할을 강화시켰다. 동아지중해의 전 공간이 정치적으로 안정되고, 해양문화가 비약적으로 발달되면서 신해양질서가 구축되었다. 그 힘은 북방의 돌궐 말갈 등으로 연결되는 유목문화 중심의 대륙질서를 견제하는 역할을 담당하였다. 또한 당과 통일신라 발해 일본을 해상으로 연결시키는 환황해 문화가 특히 활발해졌다. 이 후에 장보고가 조직화한 '범汎 신라인들'을 주축으로 한 황해·남해·동중국해와 발해인들이 장악한 동해에서는 교역 문화교류 등 비정치적이고, 비군사적인 교섭이 활발하게 진행되었다. 명실 공히 동아지중해의 해양은 남북국이 주도하면서 더욱 빈번한 교류의 장이 되었다.

넷째, 이 전쟁은 우리민족에게 매우 의미 있고, 심각한 영향을 끼쳤다. 신라와 발해 두 나라 사이에는 갈등이 지속되고, 해양에 대한 군사적·정치적 주도권을 일부 상실함으로써 도리어 주변국들에 의해서 이용당하는 형국이 되면서 동아지중해국가로서의 기능이 약화되었다. 해양로의 확보를 발판으로 담당해오던 정치·군사적인 중핵조정역할을 상실하고, 중국의 영향을 받는 주변부적 존재로 전락하고 말았다. 뿐 만 아니라 고구려에 종속되거나 혹은 영향을 받았던 주변의 종족들이 도리어 우리를 압박하는 존재로 변신하였다.

4) 남북국 시대

(1) 통일신라

통일신라는 삼국의 해양문화를 토대로 삼아 비약적으로 발전했다. 초기에는 당과의 전쟁을 위해서, 또 일본의 침입을 방비하기 위하여 해군력 증강에 힘을 썼다. 그 후 동아지중해의 바다에서 군사적 긴장이 풀리면서 외교 문화 경제적 목적을 위한 해양활동이 활발해졌다. 신라는 통일을 이룩한 저력과 자신감 있는 해양능력을 바탕으로 국제교역을 활발히 하였다. 전기에는 주로 산동반도의 등주항(봉래시)을 통해서 당나라와 무역을 활발하게 하였다. 그 곳에는 발해관과 신라관이 함께 있었고, 고구려 유민인 이정기 세력이 무역을 전담하고 있었다. 신라와 당나라 간에는 약간의 긴장 관계가 있었음에도 불구하고 공식적 비공식적인 교섭이 이루어졌다. 『삼국사기三國史記』에 보이는 대모瑇瑁·자단紫檀·심향沈香·공작미孔雀尾·슬슬瑟瑟·구수毬毲·비취모翡翠毛 등 '남해박래품'은 당에서 수입한 것이다.

신라는 일본과 군사적인 충돌을 할 것 같은 상황이 여러 번 있었다. 하지만 두 나라가 가진 내부의 상황과 국제질서로 인하여 현실화되지는 않았다. 오히려 무역은 활발했고,

특히 민간인들은 공식적이나 비공식적으로 바다를 건너다니면서 물건들을 사고 팔았다. 752년에 일본이 국가사업으로 추진한 나라(奈良)의 도다이사東大寺가 완공되고, 불상이 완성되었을 때에, 신라정부는 축하사절을 빌미로 김태렴金泰廉 이하 700명의 대사절단을 파견하여 6월부터 수도인 평성경平城京에서 대대적인 교역활동을 하였다. 신라는 대일본 무역을 거의 독점하였기 때문에 당나라나 중앙아시아, 아라비아 등에서 일본으로 들어오는 물품들도 대부분 신라를 거쳐야 했다. 신라는 아라비아·페르시아 등 이슬람교권 상인들과 무역을 비롯하여 다양하게 교류했다. 몇몇 문헌에는 아랍상인들이 신라를 온 것과 신라를 본 것을 비롯하여 신라에서 수입한 상품들도 기술하였다. 한편 당나라에서는 이른바 '재당 신라인'들이 상업적으로, 때로는 외교사절의 역할까지 하면서 동아시아의 바다에서 열정적으로 활동하였다. 그들은 절강 지방에서 북경을 잇는 대운하의 주변에 정착하여 운하경제를 장악하는데 성공하였다. 운수업, 조선업, 항해업, 소금 만드는 제염업, 숯 굽는 일 등 주로 환금성이 강한 일들에 종사하였다. 그리고 운하 주변뿐만 아니라 산동성 강소성 절강성 등의 해안가 교통의 요지에 신라방 신라촌 등 정착촌을 건설하였다. 또 상인들이나 사신들을 위해서 신라관 신라원 같은 건물도 지었다. 신라인들은

〈지도 7〉 8~10세기 통일신라인들의 국제항로도

서역인 등 외국인들도 많이 살고 있는 국제도시인 양주에도 거주지를 이루고 있었다.

9세기에 오면 재당 신라인 출신인 장보고는 신라정부의 도움을 받아 신라의 서남해안인 완도에 청해진을 설치하여 황해, 남해, 동해 및 동중국해의 모든 항로를 장악하면서, 상인들과 해양민들을 자기 체계 속에 조직하였다. 즉 동아지중해 서쪽(環黃海圈)의 요소요소에 포진해 있는 거점 도시들을 유기적으로 연결하였고, 조직적으로 역할분담을 시키면서 군사력을 동원하여 신라정부와는 국적이 다른 신라인의 민간 상인조직을 연결시켰다. 그리고 본거지를 군항이며, 자유무역항으로 만든 청해진에 두어 재당신라인과 재일신라인, 본국신라인을 동시에 관리하고, 역할분담을 조정할 수 있었다. 이들이 일정한 연계성을 가지고 활발한 해양활동을 하게끔 하므로써 동아지중해의 해상권을 장악하였다.

9세기 전기에는 때때로 신라의 해적들이 일본열도를 침

입하였다. 또한 중기를 넘어가면서 869년에는 해적선 2척이 일본의 하까다를 습격하였다. 870년에는 역시 풍전국豊前國의 공물선에 실린 견면絹綿을 약탈하였다. 이어 893년과 894년에도 큐슈북부와 대마도를 습격하였다. 이러한 사실들을 보면 신라는 민간인들까지도 조선술과 항해술이 뛰어났고, 해양활동이 활발했음을 알 수 있다.

(2) 발해

발해는 고구려의 해양능력을 이어받아 초기부터 해양에 관심을 기울였다. 건국 한 초기인 732년에 무왕은 전격적인 해양작전을 실시한다. 장문휴張文休는 수군과 함선을 거느리고 발해만을 건너 등주성을 공격하고 자사를 죽이면서 점령하는 등의 전과를 올렸다. 그 후에는 우호관계를 맺으면서 무역을 활발히 하였다. 한편 일본과는 727년을 개시로 공식적인 기록만 발해가 일본에 34회, 일본이 발해에 13회 파견하는 등 빈번하게 정치 적으로 경제적으로 교섭이 빈번했다. 특히 9세기에 이르면 한 번에 100명이 넘는 사절단을 파견한다. 발해와 일본은 신라와 적대관계 또는 갈등관계를 맺고 있었다. 따라서 두 나라는 동맹관계를 맺어야만 했다. 이러한 역사적인 경험과 지정학적인 역학관계로 인하여 해양외교를 통해서 협조 내지 동맹관계를 유지해야만 했다. 그런데 전기가 지나 국제질서가 안정되고, 냉전이 종식되면서 두 나라 간의 교섭은 경제적인 목적을 띠었다. 민간인들의 접촉과 교역도 활발해서 무려 1,100명의 민간인으로 구성된 발해선단이 일본열도에 도착하기도 하였다. 그 무렵에 이루어진 무역의 내용과 품목을 보면 무역의 성격과 규모를 짐작할 수 있다. 일본정부는 무역역조 현상이 심해지자 발해 사신단의 파견 횟수와 인원 등을 제한하는 조치를 취했다. 이러한 활발하고 능동적인 교섭을 하는 것은 험난한 동해를 건너다니는 항해술과 조선술 등의 해양 능력이 뒷받침되지 않으면 불가능한 일이었다.

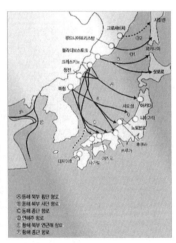

〈지도 8〉 8~10세기 발해인들의 국제항로도

발해인들은 한겨울에 북풍계열의 바람을 활용하여 동해북부를 사단하여 원양항해로써 혼슈 중부의 니가타 노또반도 쓰루가 등에 도착하였다. 쓰루가에는 지금도 발해사신들이 묵었던 객관이었던 게히신궁氣比神宮이 있다. 동해항로는 매우 위험하여 항해에 어려움이 많았으며, 희생도 많이 뒤따랐다. 그 외에 압록강의 하구인 박작구(현재 단동)에서 항해를 시작해서 서한만으로 빠져나가 서쪽으로 요동반도를 타고 연안항해를 한 다음에 여순에서 묘도군도를 타고 내려가 산동반도 북부의 등주항에 도착하는 항로가 있다. 초기에는 당의 공격로로 이용되었으나 점차 교섭로로 사용되었다.

5) 고려 시대

고려를 세운 왕건은 백선장군이었고, 해군대장이라는 칭호를 받은 해양세력이었다. 후삼국시대에 활약한 인물들은 경기만 세력 남양만 세력 당진 등 세력, 금강하구 영산강 하구 및 서남해안 세력 그리고 섬진강 하구 세력 등 대부분이 해상세력들이었다. 왕건은 예성강하구와 경기만일대의 해양세력으로서 수전을 통해서 후백제에 대한 기선을 제압하였다. 후백제의 견훤도 절강 지방의 오월국과 바다를 통한 교섭을 하였다. 고려와 송은 거란족의 나라인 요를 견제하기 위하여 정치외교적인 교섭이 절실했고, 또 문화의 교류와 교역도 필요했다. 그런데 요가 북방에 있었으므로 양국은 바다를 통해서만 이루어졌다. 고려와 송의 해양을 통한 외교 및 교역은 고려사회 및 동아시아의 질서에 상당한 영향을 끼쳤다. 이후 약 160여 년 동안 고려는 송나라에 57번의, 송은 고려에 30번의 사신을 보냈다. 평균 2년에 1번 꼴로 빈번하게 사신단이 오고 갔다. 물론 고려와 송나라의 교섭은 지리적인 특성으로 보아 해양을 매개로 하지 않으면 불가능했다. 송나라에는 고려관이 곳곳에 세워졌다.

고려와 송나라는 엄청난 규모의 공무역을 했다. 보통 100명에서 300명을 태운 사신선들은 곧 공무역선이었다. 1078년에는 송이 100종이 넘는 품목과 6천 건에 달하는 물건을 보냈고, 고려 역시 그에 상당하는 물건을 보냈다. 소동파는 고려와 무역하는 일이 피해가 심하다고 매우 비판적이었다.

민간상인들도 활발하게 무역을 하였다. 『고려사高麗史』에 의하면 현재 복건福建·광동廣東·절강浙江의 상인들이 고려에

〈지도 9〉 10~14세기 고려인들의 국제항로도

많이 왔다. 북송 시대의 전기(1017~1090년)에만 약 100명 이상의 송 상인들이 고려에 온 기록이 있다. 두 나라 간에 상인들이 오고간 것을 통계해 보면, 1012년부터 1278년까지 266년간 송나라의 상인이 129회에 걸쳐 약 5,000여 명이 왔다. 당시의 상황으로 보아서는 실로 엄청나 숫자

이다. 오늘날의 아랍인인 서역상인들도 많이 왔다. 후기에 들어서고, 남송이 성립되면서 고려는 중국의 강남지방과 활발한 교섭을 하였다.

고려의 수도인 개경으로 이어지는 조운의 거의 대부분은 바다길을 활용한 것이다. 13세기 들어서면 몽골의 침입을 받아 강화도 등에서 바다를 근거지로 항전했다. 후에 삼별초정부는 진도 제주도 등에 세운 일종의 해양왕국으로서 4년간 고려정부와 몽골을 대상으로 항쟁을 했다. 여몽연합군이 일본열도를 침공할 때 고려는 주도적으로 선박을 건조하고 병력을 동원하였다. 1274년 1차 공격 때는 900척의 배를 4개월 반이라는 빠른 시간에 건조하였다. 후기에 들어서서 왜국의 침입을 받으면서 국가적으로 어려움을 겪었으나, 왜구격퇴와 대마도 정벌 등 해양력을 유감없이 발휘하였다.

6) 조선 시대와 그 이후

조선 시대에 들어와서 초기에는 수군을 거느리고 대마도 정벌 등을 추진하는 등 적극적이었다. 또한 조선술에도 관심을 기울여 새로운 형태의 선박을 건조하려는 시도도 있었다. 그러나 결국 해양문화는 천시되고 수군활동도 미미해졌으며 공도空島정책을 취하는 등 민간인들의 대외해양활동을 원천적으로 금하였다. 조선은 바다를 막고, 지중국적 질서만을 채용하여 오로지 중국과의 교섭을 절대시하였고, 일본국은 부수적으로 교류하였을 뿐이다. 그 결과 중국의 주변부로 전락하였다. 그런데 동아시아와 한민족의 역사에서 해양의 문제가 다시 대두된 것은 임진왜란이었다. 조선이 일본의 공격을 받은 초기의 일방적인 열세에서 벗어나 결국 승리를 이끌어낼 수 있었던 것은 수군의 활약덕분이다. 특히 거북선은 매우 독특한 기능을 보유한 함선으로서 조선의 해양능력을 단적으로 웅변하는 선박이다. 하지만 조선은 이후에도 해양의 중요성을 인식하지 못한 채 해양문화를 발전시키지 못하였다.

그 후 근대에 접어들면서 본격적으로 해양의 중요성과 역할이 거론되었으며, 해양력은 동아시아의 역학관계를 결정하는데 상당한 역할을 하였다. 조선은 제너널 샤먼호사건 병인양요, 신미양요 등을 겪으면서 해양의 중요성을 깨달아갔으나 이미 때는 늦었다. 운양호 사건으로 불리우는 사건의 여파로 인하여 강제적으로 이루어진 개항, 청일전쟁, 러일전쟁, 일본의 식민지화는 해양력 및 해양질서와 깊은 관련이 있다.

2차 세계대전이 끝나면서 동아시아는 완충지대 없이 한

반도의 땅과 바다에서 양극질서가 직접 대결하는 양상을 띠웠다. 첨예한 군사대결 속에 바다라는 통로마저 막히고, 그 결과로 활발한 교류와 대교모의 무역을 특성으로 하는 지중해적 질서는 사라졌다.

5. 맺음말

역사학은 사실을 찾아내고, 고증하여 엄숙한 진리를 찾는 작업이기도 하지만 한편으로는 사실이 놓쳐버린, 혹은 사실마저 보듬어 안은 진실을 이해하고 느끼려는 해석학이란 측면이 있다. 물론 해석에는 객관성이 있어야 한다. 하지만 흔히 오해하듯이 몰가치적인 태도가 아니라, 다양한 시각으로 대상을 전체로서 파악해야한다. 우리 역사학은 그동안 육지, 그것도 한반도라는 라는 한정된 시각과 통념에 사로잡혀 해양이라는 중요한, 의미 있는 장르를 소홀히 하였다. 육지 위주의 질서로 볼 때 우리는 지리적으로도 주변부에 속해있다. 그러나 동아시아는 해양이 중요한 역할을 했고, 특히 세 지역 간에 이루어진 사람들의 이동과 물자의 교류, 온갖 갈등과 환희들은 해양이 아니면 불가능했다.

적어도 고대사에 관한 한, 특히 고구려에 관한한 역사의 영역은 대륙과 한반도 그리고 해양을 포함한 터이었다. 역사상을 이해하려면, 모든 것을 포괄하는 다양한 사건들은 연관계열 속에서 파악해야 한다. 특히 국제관계는 정치 외교 군사는 물론이고, 경제와 문화 또한 그러한 관점에서 파악하는 자세가 필요하다. 필자는 이러한 목적에서 '해륙사관海陸史觀'이라는 용어를 차용해서 논리를 전개시키고 있다.

또한 역사학은 미래학적인 요소가 있다고 생각한다. 문명의 전환기, 국제질서가 재편되는 불확실하고 혼란스러운 시대에서 역사학의 역할은 커져가고 있다. 더욱이 활동무대의 확대와 인식의 확장, 주변학문의 발달로 인하여 한국 역사학의 내용과 의미는 물론이고, 연구방법론에도 변화가 있어야한다.

한국 역사는 해양교통로와 해양의 메커니즘이 역사상의 생성에 상당한 영향을 끼쳤다. 때로는 동아시아의 질서가 전면적으로 재편되는 과정에서 해양이 결정적인 역할을 했다.

더 읽어볼 책들

• 윤명철, 『장보고 시대의 해양활동과 동아지중해』, 학연문화사, 2002.

'장보고'와 그 시대의 역사적인 실상을 입체적으로 규명하고, 그것이 지닌 미래 모델로서의 가치와 의미를 해양이라는 코드를 통해 조명한 책. 해양활동의 의미를 강조하고, 실상을 정확하게 규명하기 위해 해양 메커니즘을 토대로 자연과학적인 지식을 활용했다. 또한 역사학의 미래적 가치와 의미를 소중하게 여기는 저자의 역사관을 반영하여 모델로서의 기능도 함께 탐색했다.

• 윤명철, 『고구려 해양사 연구』, 사계절, 2003.

저자가 1994년 발표한 논문 「고구려 해양교섭사 연구」에 고구려사를 해양의 관점에서 새롭게 재구성한 책이다. 이 책은 해양을 중심으로 고구려가 동아시아의 중심적 역할을 할 수 있었던 비결을 찾아내고, 이를 통하여 현재와 미래의 우리가 지향해야 할 역할로서 동아지중해 중핵조정론을 펼치고 있는데, 이는 동북아시아 물류중심국가 건설 등을 화두로 삼는 오늘날 반드시 돌아보아야 할 우리의 역사로 평가된다.

• 윤명철, 『한국해양사』, 학연문화사, 2014.

한국 해양사에 대해 다룬 이론서로, 한국 해양사의 기초적이고 전반적인 내용을 학습할 수 있도록 구성되었다. 동아지중해모델과 해양문화의 특성, 선사시대의 해양활동, 고조선·삼한시대의 해양활동, 4국시대의 해양활동, 동아지중해 국제대전, 남북국시대의 해양, 고려시대의 해양활동, 탐라(제주)의 해양활동, 조선시대의 해양활동과 해양문화 등으로 구성되었다.

• 윤용혁, 『한국 해양사 연구』, 주류성, 2015.

5세기에서 14세기까지, 대략 1천 년에 걸친 우리나라 '해양사'를 담고 있다. 고대의 해로와 선박, 고려 해양사, 13세기 여원군의 일본 침입, 14세기 동아시아 해양사 등 모두 4장 12편의 논문으로 구성되어 있다.

해방海防에서 교섭交涉으로
: 조선 후기~대한제국 시기
인천지역의 변화 양상

임학성

인하대학교 사학과를 졸업하고 동 대학원에서 박사학위를 받았다. 인하대학교 한국학연구소 교수로 재직 중이며, 조선후기 사람들의 사회생활상 및 인천지역사에 관심을 갖고 연구를 진행하고 있다. 한국역사민속학회 회장을 역임했으며, 현재 한국고문서학회 부회장 겸 편집위원장을 맡고 있다. 주요 논저로는 「18~19세기 서해 島嶼住民의 거주 양태」, 「조선시기 京畿 島嶼지역의 空間認識 변화」, 『조선후기 島嶼住民의 사회생활사: 동아시아해양사로서의 仁川 연구』, 『조선시대 서울의 사회변화』(공저), 『역주 仁川島嶼지역의 地誌 자료』(공저) 등 다수가 있다.

해방海防에서 교섭交涉으로

: 조선 후기~대한제국 시기 인천지역의 변화 양상

1. 머리말

아주 오래 전부터 바다는 인간이 소통하고 교류하는 교섭交涉의 길이었다. 그렇지만 어느 특정 지역과 시기에는 그 교섭의 길이 차단되기도 했는데 바로 '해금海禁' 정책의 실시였다. 해금 정책이 장기간 실시된 모습은 근세 동아시아(특히 동양 삼국)에서 공통적으로 찾아볼 수 있다.

중국은 14세기 후반 명明대에 들어와 '조공책봉朝貢冊封' 체제를 통한 중화적中華的 세계질서를 수립하려는 정책을 강화하면서, 일체의 해상활동(통행과 교역)을 국가가 엄격히 통제하였던 것이다.

일본 또한 17세기 초 에도[강호江戶] 막부가 들어서면서 해금(또는 '쇄국鎖國') 정책을 실시했지만, 중화질서적 화이관華夷觀에 기초하지 않은 때문에 이웃한 명·조선과는 그 성격 및 내용에서 차이를 보였다.

한국은 14세기 말 성리학을 통치이념으로 삼은 조선이 들어서면서 명明의 영향을 받아 해금 정책을 단행하였다. 더군다나 조선은 '사대事大/교린交鄰'의 외교정책에서도 알 수 있듯이 중화질서적 화이관의 철저한 신봉자였다. 그런데 조선의 경우 전기에는 일본 해적(즉, 왜구倭寇)에 대처하기 위해, 후기에는 중국 해적 및 서양제국에 대처하기 위해 해방海防 시스템을 강화하였다. 물론 이러한 해방 시스템은 1875년 운양호雲揚號 사건으로 정지되고 개항開港 이후 서구문명과의 교섭에 들어서게 된다.

이 글은 조선시대 서해 인천지역에서의 해방과 교섭 양상을 살펴보려는 것이다. 특히 인천의 바다는 지정학적으로 수도首都의 길목에 위치하였기에 다른 지역에 비해 해방 시스템이 더욱 강조되었다. 그렇지만 개항 이후 해방 시스템이 붕괴되면서 역시 수도의 진입로였다는 이유로 활발한 '근대적' 교섭의 시대를 맞이할 수밖에 없었다. 그 결과 인천항은 국제무역 항구로 크게 성장하여 갔던 것이다.

2. 조선시대 인천 지역의 해방 시스템

조선 정부는 국초부터 해금과 함께 해방을 강화하는 방향으로 정책을 추진하였는데, 특히 임진왜란과 병자호란이라는 연이은 전란을 겪고 난 17세기 중반 이후로는 해방 시스템을 더욱 강화하였다. 그 대표적인 변화는 이전까지 '공도空島' 정책을 추진하던 도서지역에 사람들을 들어와 살게 하는 '입도入島' 정책으로의 변환이었다. 아울러 그 결과는 지리적으로 요충지에 해당하는 몇몇 도서에 수군진水軍鎭을 설치하여 해로와 해안을 방어하는 것으로 나타났다.

조선정부가 취한 도서정책의 결과와 영향은 인천지역에서도 그대로 확인된다. 조선시기에는 중앙정부에서 파악한 인천지역의 도서가 15세기 전반기(『세종실록지리지』에 수록)에 14개(인천 5, 강화 8, 교동 1)에 불과했다(<표 1> 참조). 이는 여말선초 왜구의 침략이 빈번하여 도서에 대한 조선 정부의 군사적, 행정적 통제력이 극히 제한적이며 미약했기 때문이었다.

그러다가 15세기 후반기(『동국여지승람』에 수록)에 이르면 조선 정부가 파악하고 있는 도서가 33개(인천 10, 강화 10, 교동 2, 부평 11)로 증가하고 있다. 15세기 전반까지만 해도 기록되지 않았던 부평에 속한 도서가 새롭게 파악 기록되었다는

〈표 1〉 조선시대 관찬 문헌에 기록된 인천지역의 도서

시기 군현	15세기 전반 (『세종실록지리지』)	15세기 후반 (『동국여지승람』)	18세기 후반 (『동국문헌비고』)
仁川	紫燕島, 三木島, 龍流島, 沙呑島, 無衣島 〈5〉	紫燕島, 三木島, 龍流島, 沙呑島, 無衣島, 猿島, 愁伊島, 言叱島, 德積島, 士也串島 〈10〉	紫燕島, 三木島, 龍流島, 沙呑島, 無衣島, 猿島, 愁伊島, 謁島, 德積島, 士也串島, 小島, 八尾島, 月尾島, 薪佛島, 橫看島 〈15〉
江華	煤島, 巴音島, 今音北島, 彌法島, 末島, 長烽島, 注文島, 信島 〈8〉	煤島, 甫音島, 今音北島, 彌法島, 末島, 長烽島, 注文島, 信島, 居島, 少島 〈10〉	煤音島, 甫音島, 今音北島, 彌法島, 末島, 甫文島, 信島, 居島, 少島, 席毛老島, 西檢島, 阿此島, 小檢島, 北島, 項山島, 矢島, 月彌島, 魚里島 〈18〉
喬桐	松家島 〈1〉	松家島, 鷹岩(島) 〈2〉	松家島, 鷹巖(島), 長峯島, 黍島 〈4〉
富平	-	勿次島, 虎島, 鷹島, 亭子島, 文知島, 靑羅島, 一島, 獐島, 栗島, 西遷島, 箕島 〈11〉	勿次島, 虎島, 鷹島, 亭子島, 文知島, 靑羅島, 一島, 獐島, 栗島, 西遷島, 箕島 〈11〉
계	14개	33개	48개

점이 주목된다. 이는 15세기 중엽 이후 왜구의 침략이 멈추면서 도서에 대한 조선 정부의 통제력이 증대된 결과였다.

조선시대 도서에 대한 중앙정부의 파악이 크게 증가하는 시기는 임진과 병자의 두 전란을 겪고 난 17세기 후반 이후였다. 이 시기는 국초부터 유지되어 오던 공도정책이 무너지고 입도 및 개발의 방향으로 그 정책을 전환하기 시작한

시기였다. 18세기 후반(1770년)에 편찬된『동국문헌비고』에 경기지역의 도서가 무려 48개로 파악 기록되고 있었던 것은 이러한 상황을 잘 방증해 준다. 이 시기에 증가한 도서는 주로 인천과 강화, 교동에 속한 것들인데, 이는 17세기 후반(효종~숙종 연간) 강화·교동을 중심으로 한 인천 도서지역의 해방체제 구축 노력과 무관하지 않다고 본다.

〈지도 1〉 15세기 후반 경기지역의 도서들(『동국여지승람』)

한편, 조선시기 중앙정부가 파악하였던 인천지역의 도서 수는 지도 자료에서도 확인해 볼 수 있다. 15세기 후반에 제작된『동국여지승람』(〈지도 1〉)에는 인천지역의 도서로 군현으로 기능한 강화도와 교동도만을 표시했을 뿐, 인천과 부평에 속한 도서들은 전혀 표시되지 않았음을 알 수 있다.[1]

1) 그런데 〈표 1〉에서 살폈듯이 동일 자료의 地誌 내용에서는 인천지역의 도서로 33개를 파악하여 기록하고 있어 지도상의 표시와는 큰 차이를 보인다.『동국여지승람』의 '경기도지도'가 군현만을 그 표현 대상으로 삼은 때문으로 여겨지는데, 여하튼 15세기 후반 조선정부의 도서지역에 대한 인식이 미비했던 것만큼은 분명하다 하겠다.

반면, 18세기 중엽에 제
작된 『해동지도』(〈지도 2〉)
에서는 기존의 강화도와 교
동도뿐 아니라 30여 개의
도서를 표시하고 있다. 이
또한 조선후기 관찬 지지地
誌 자료에서 파악하고 있었
던 도서 수에 비하면 절반
이하에 불과했으나, 중앙

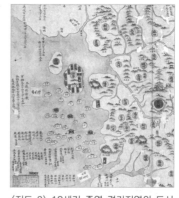

〈지도 2〉 18세기 중엽 경기지역의 도서
들(『해동지도』)

정부의 도서 인식 및 파악이 이전 시기에 비해 상당히 진전
되었음을 분명하게 알려준다. 그만큼 도서지역이 해방 전초
기지로서의 중요성이 높아진 때문이었다.

한편, 왜란(16세기 말)과 호란(17세기 전반)을 계기로 인천
지역의 도서들이 군사적으로 주목받기 시작하였다. 더군다나
인천 서해지역은 중국과 상응하면서 17세기 말 이후 황당선이
적잖게 출몰하고 있었으며, 또한 세금을 실어 나르는 조운선漕
運船이 지나는 요충로要衝路였기에 해방처로서의 역할이 더욱
부각되었던 것이다.

특히, 강화도가 17세기 중엽 이후 보장처保障處로 인식되
어 진鎭·보堡·돈대墩臺 등이 설치되는 등 관방의 중핵으로
자리 잡게 되면서 그 북쪽에 위치한 교동도에는 경기수영京

畿水營을, 그리고 남부에 위치한 자연도紫燕島(현, 영종도)와 영
흥도, 장봉도, 덕적도, 대부도 등에는 수군진을 설치함으로
써 강화도를 외곽 바다에서 방어하게 하였던 것이다. 조선
후기 인천 도서 지역에 설치된 해방 시설(수영, 수군진, 진·보,
돈대 등)을 정리하면 〈표 2〉와 같다.

〈표 2〉 조선시대 인천 도서지역의 해방 시설

지역	연혁
강화도	• 12鎭堡와 53墩臺 설치(17세기 중엽 이후) • 鎭撫營 설치(1678)
교동도	• 南陽에 있던 月串鎭 이설(1629) • 京畿水營 설치(1629) • 三道水軍統禦營 설치(1633)
자연도 (영종도)	• 南陽에 있던 永宗鎭을 紫燕島로 移設(1653) • 僉使鎭으로 높이고 어영청에 소속시킴(1681) • 防禦營으로 승격(1690) • 僉使鎭으로 강등(1866) • 防禦營으로 다시 승격(1867) • 雲揚號事件으로 廢鎭(1875) • 防禦營 복설(1883)
영흥도	• 南陽에 있던 花梁鎭을 移設(1872)
장봉도	• 鎭 설치(1717)
덕적도	• 萬戸 屯營 설치(1652) • 水軍僉節制使 鎭으로 승격(1708) • 鎭 혁파(1723) • 鎭 復設(1740)
대부도	• 僉使鎭 설치(1871) • 鎭 혁파(1871) • 鎭 복구(19세기 후반)

〈지도 3〉 조선시대 인천 도서지역의 해방 시설

인천 도서지역에 해방 시설이 설치된 시기는 17세기 이후임을 알 수 있다. 17세기는 중국 동북지역에서 여진족이 발흥하여 명과 충돌하던 시기로 정묘년(1627)과 병자년(1636)에 걸쳐 두 차례나 조선을 침공하는 사건이 있었다. 강화도 해안의 요충지마다 12개의 진·보 및 53개의 돈대를 설치한 것과, 교동도에 수군진을 두거나 경기도(나중에 경기, 충청, 황해의 3도)의 수군을 총괄 지휘하는 수군통어영水軍統禦營을 설치한 것, 그리고 강화도 남쪽의 자연도에 수군진을 둔 것은 바로 북방 여진족(나중에 청淸)과의 충돌에 대비하기 위한 방어 시스템이었다.

한편, 18세기 이후에도 인천 도서지역에 수군진이 증설

됨을 볼 수 있다. 이는 보장처 강화도와 교동도에 설치한 해방 시스템을 보완하는 의미도 없지 않았지만, 이보다는 조운漕運으로 운반되는 물자를 약탈하기 위해 서해에 출몰하는 중국 및 조선의 해적(즉, 황당선荒唐船)을 차단하기 위함이었다. 더군다나 19세기에 접어들면서 잦아진 서구 이양선異樣船의 출현도 인천 도서지역의 수군진 설치 및 강화에 주된 이유가 되었다.

그런데 조선후기 인천 도서지역의 수군진 배치형태를 보면 경기수영이 위치한 교동도에서부터 장봉도를 거쳐 남쪽의 자연도(영종도), 덕적도를 감싸는 방어선을 구축하였음을 알 수 있다. 이는 유사시 강화도의 외곽 해안을 방어하는 한편, 먼 바다에서 도성으로 접근하는 해로를 차단하는 목적으로 수군체제를 개편하였기 때문이다.

3. 19세기 말 서구와의 충돌과 인천 해방체제의 변화

병자호란 이후 커다란 혼란 없이 평온한 상태를 유지해 오던 인천 지역 사회는 기존의 동아시아 중화질서체제와는 전혀 다른 외부체제로부터의 충격을 받게 된다. 바로 서구 이양선의 출현이었다.

해금과 해방 정책을 강력히 추진하던 '은둔의 왕국' 조선의 앞바다에 서양의 이양선들이 본격적으로 출몰하기 시작한 것은 19세기에 들어와서 였다. 이양선의 출현은 세계문명사적 측면에서 해석하면 '근대(문명)'의 침입이었지만, 조선 정부는 해양을 통해 온 근대를 '악령惡靈'으로 받아 들였다. 더군다나 중국(淸)이 아편전쟁(1840~1842)으로, 그리고 일본(에도막부)이 함포외교(1854)로 서구세력에 문호를 개방한 사실이 전해지면서 조선 정부는 서구의 침략에 대한 경외심이 더욱 커져갔던 것이다.

물론 이양선의 출몰은 이미 17세기부터 시작되었는데 네덜란드의 상인 하멜Hendrik Hamel 일행이 표류하다가 제주에 도착한 일이다. 그렇지만 당시의 사건은 풍랑에 휘말려 표류한 사건에 지나지 않았다. 이에 반해 19세기 한반도 연근해에 출몰한 이양선들은 제주도, 울릉도 등의 여러 섬을 측량하거나 우리 근해에 접근하여 정탐하고 해도海圖를 작성하기도 하는 등 조선과의 통상 및 침략을 위한 물밑 작업이 목적이었다. 이양선의 출몰이 빈번해지면서 조선과 서구열강과의 충돌은 불가피할 수밖에 없었다. 17세기 이후 군사체제나 무기체계에 변화가 별다른 변화가 없었던 조선의 군사력은 이웃나라 중국과 일본을 강제로 개항시켰던 서구열강의 무력 앞에서 무용지물이 되었다.

19세기 말 인천 앞바다와 강화도 해안 및 내륙에서 벌어진 서구세력과의 충돌은 1866년(고종 3) 9월(~11월)에 발생한 '병인양요丙寅洋擾'와, 1871년(고종 8) 5월(~7월)에 발생한 '신미양요辛未洋擾'였다. 병인양요는 1866년 2월 프랑스 선교사 9명과 조선인 천주교 신도 수천 명이 학살당한 '병인박해丙寅迫害'에 대한 보복으로 프랑스 극동함대 사령관 로즈P. G. Roze가 군함을 이끌고 조선에 침략한 사건이다. 로즈 제독은 강화도 읍치와 통진의 문수산성을 점령하는 전과를 얻었으나, 양헌수梁憲洙 부대와의 정족산성 전투에서 패한 후 강화도에서 철수하고 조선해안을 떠나면서 종료되었다.

신미양요는 1866년 8월 대동강에서 미국 상선 제너럴 셔먼호가 격침되고 선원 24명이 사망한 사건에 대한 보복으로 발생한 조·미 간의 전쟁이다. 1871년(고종 5) 미국 아시아함대 사령관 로저스J. Rodegers가 군함을 이끌고 조선에 침략하여 강화도의 해방시설들(초지진, 덕진진, 광성보 등)을 차례로 점령한 후 철수하면서 종료되었다.

이처럼 두 차례의 '양요'에서 보장처 강화도가 쉽게 점령당하자 조선 정부는 해방 시스템을 수정하게 되었다. 신미양요 직후 강화 앞바다에서 도성(한강)으로 진입하는 길목인 '염하鹽河' 수로의 초입에 위치한 초지진, 덕진진, 광성보, 용진진 등에 포대砲臺를 축조하여 도성으로 향하는 수로를 방비하고자 하였던 것이다.

이는 강화도가 보장처에서 도성의 해상 출입구를 지키는 '인후처咽喉處'로 그 역할이 변모하였음을 의미한다. 이와 함께 강화도 남쪽에 늘어서 있던 인천 도서의 수군진들도 보장처 강화도를 위호衛護하는 것에서, 도성으로의 출입 해로를 지키는 인후처로 그 역할이 변모하였던 것이다.

4. 인천의 개항과 '교섭'으로의 전환

서구의 통상 요구를 물리친 조선 정부는 해방 시스템을 수정 강화하고 쇄국정책을 더욱 강하게 추진하였지만, 수년도 지나지 않아 일본이 기획적으로 자행한 '운양호 사건'으로 근대적 문호개방을 하게 된다.

1868년 메이지유신明治維新을 단행하여 동아시아에서 가장 먼저 근대화에 성공한 일본은 조선과의 국교수립을 요구하였다. 그러나 근대화 된 일본을 양이攘夷와 동일하게 인식한 조선정부가 일본의 국교수립 요청을 거부하자 이에 일본은 1875년(고종 12) 운양호 사건을 일으켰고 그 결과 이듬해에 '조일수호조규'를 체결하여 동양에서 마지막 남은 조선을 개항시켰던 것이다.

부산(1876), 원산(1880)에 이어 1883년에 개항한 인천(제물포)은 도성의 진입로에 위치하였기에 여타 개항장에 비하여 다양한 서구 문명과 교섭을 할 수 있었다. 특히 일본 또는 청국의 전관조계專管租界 및 각국공동조계各國共同租界만이 설치된 다른 개항장들(부산, 원산, 목포, 진남포, 군산, 마산, 성진 등)과 달리 청·일 양국의 전관조계뿐 아니라 미국, 영국, 프랑스, 독일, 러시아 등 서구 각국의 공동조계가 함께 설치된 것이 큰 영향을 끼쳤다.

〈표 3〉 조선의 각 개항장 및 조계의 형태

지역	개항 시기	조계 형태
釜山	1876.10.01	일본전관조계 청국전관조계
元山	1880.05.01	〃
仁川	**1883.01.01**	**일본전관조계 청국전관조계 각국공동조계**
木浦	1897.10.01	각국공동조계
鎭南浦	〃	〃
群山	1899.05.01	〃
馬山	〃	일본전관조계 각국공동조계
城津	〃	각국공동조계

〈지도 4〉 인천항의 조계지 배치

이로써 개항기 인천항에는 동·서양에서 들어온 외국인들이 넘쳐나게 되었다. 1895~1905년의 인천항 거주 각국인의 인구수를 조사한 자료에 따르면(〈표 4〉 참조), 인천항에 거주한 일본인의 규모가 압도적인 것으로 나타난다. 특히 1904년 이후는 조선인의 인구수를 넘어서고 있었다. 물론 중국인 인구수도 1천~2천 명 정도의 규모를 보이고 있었다. 한편, 주로 서양 각국인들로 구성된 기타 외국인들은 50~100여 명의 수치를 나타냈다.

〈표 4〉 개항기 인천항의 각국별 인구수(단위: 명)

국적 연도	조선인	일본인	중국인	기타	합계
1895	4,728	4,148	?	?	?
1897	8,943	3,949	1,331	57	14,280
1901	11,158	4,628	1,640	73	17,499
1903	9,450	6,433	1,160	109	17,152
1905	10,866	12,711	2,665	88	26,330

이러한 조건에 힘입어 인천에는 전기, 전신, 기차, 학교, 교회, 은행, 무역상사, 우체국, 영사관, 기상관측소, 해관海關, 등대, 갑문閘門, dock 등 새로운 근대 문물이 물밀듯이 들어왔다. 한미한 어촌에 불과했던 인천 제물포항은 개항에 의해 동아시아의 동아시아의 국제항구로 성장하였던 것이다.

한편, 개항으로 인한 근대세계와의 교섭은 인천을 국제 무역항으로 변모시키기도 하였다. 개항 이듬해인 1884년 인천항을 통한 무역액이 수출 18만 원[円], 수입 38만 원으로 총무역액이 56만 원 가량이었으나, 10년이 지난 1894년에는 수출액이 130만 원, 수입액이 370만 원으로 총무역액이 9배나 증가한 5백만 원에 달하였다. 또한 1904년에 이르러서는 수출액이 290만 원, 수입액이 1,660만 원으로 총무역액이 무려 2천만 원에까지 이르렀다.

〈사진〉 개항기 인천 제물포항의 모습

〈표 5〉 개항기 인천항의 무역액(단위: 円)

연도 / 액수	수출액	수입액	총액
1884	184,917	377,548	562,465
1894	1,320,909	3,703,115	5,024,024
1904	2,931,888	16,598,779	19,530,667

　인천항의 무역규모가 개항 이후 계속 급증할 수 있었던 데에는 인천항이 수도의 관문일 뿐만 아니라, 황해를 끼고 중국 북부의 다롄大連, 중부의 옌타이煙臺, 남부의 상하이上海 등과 면해 있었던 때문이다. 특히 상하이는 서구의 물자를 중개하는 세계적인 상권을 형성하고 있었던 것이다.

　인천항이 국제무역항으로 성장하면서 인천 앞바다는 항운航運에 필요한 기반시설들이 모습을 드러냈다. 수출입에 따른 관세關稅 업무를 관장하기 위한 해관(1883년 6월)과 선박의 안전 운행을 도와주는 등대(1903년 6월)가 최초로 설치된 곳도 인천항 및 앞바다였다.

　이밖에 인천항은 한·중·일 개항도시 간의 정기 해운海運 네트워크에 포함되기도 하였는데, 주요 해운망은 '상하이-부산-인천-나가사키長崎', '나가사키-인천-옌타이 즈푸芝罘-톈진天津', 그리고 '상하이-옌타이-인천-부산-원산-블라디보스토크海蔘威' 등이었다.

먼저, 영국계 이화양행怡和洋行은 인천 개항 직후인 1883년 8월 '상하이-부산-인천-나가사키' 간의 정기항로를 개설하였다. 매달 2회 운항하면서 화객을 운송하고 조선정부로부터 세곡수송 특권까지 얻게 되었다. 이어서 청국의 윤선초상국輪船招商局이 1883년 11월부터 '상하이-인천' 간에 기선汽船 부유호富有號를 월 1회 운항시켰으나, 청·불전쟁과 적자 등의 이유로 1884년 1월 이후 운항을 중단하였다. 독일계의 세창양행世昌洋行도 인천거류 화상華商 및 독일상인의 자금지원과 세곡수송 특권을 받아 1885년 3월부터 '상하이-인천' 간에 기선 희화선希化船을 운항하였다. 그러나 역시 무역부진 등의 이유로 동년 9월에 운항을 중단하였다.

일본정부 또한 막대한 지원 하에 일본우선회사日本郵船會社를 설립하여 1885년 10월 인천지점을 설치하고 일본상인의 건의에 따라 기존의 조선항로를 재편하였다. 그리고 1886년 3월에는 '나가사키-인천-옌타이 즈푸-톈진' 간의 항로를 증설하였다. 이로써 조선의 개항장을 기점으로 하는 동아시아 정기항로에서 일본이 주도권을 쥐게 되었다.

이에, 청국은 조선에 대한 종주권 강화정책을 진행하며, 다시 상해-인천 항로를 개설하였다. 이 항로는 인천에 진출해 있던 많은 화상들의 청원을 받은 위안스카이袁世凱의 요청으로 1888년 3월부터 윤선초상의 광제호廣濟號가 20일

에 1회씩 '상하이-옌타이-(귀로에 잉커우營口 경유)-인천'
노선을 운항하였다.

한편, 일본우선회사는 부산과 원산 항로를 강화하여 1889
년 4월 '상하이-옌타이-인천-부산-원산-블라디보스토크'
간의 항로를 신설하여 기선 비후환肥候丸으로 4주에 1회 정
기운항시켰던 것이다.

⟨지도 5⟩ 1883~1886년 조선의 정기   ⟨지도 6⟩ 1887~1910년 조선의 정기
　　　　 항로　　　　　　　　　　　　　　　 항로

5. 글을 마치며

조선시대 해방 시스템에 의해 작동되었던 인천 해안 및
도서지역은 '뜻하지 않았던' 개항으로 서구 근대체제에 흡수

되었고, 근대자본주의 체제 및 문명과 다양한 교섭을 하게 된다. 약소국 조선의 개항도시 인천에게는 교섭이 제국주의의 침략으로 받아들여지기도 했지만, 근대문명국가 및 국제 항구도시로 변모·성장할 수 있는 기회가 되기도 하였다.

결국 전근대에서 근대로 전환하는 시기에 인천 바다가 지닌 이 두 요소의 농도濃度를 살피는 것이 해양도시 인천의 정체성을 찾는 작업이라 하겠다.

참고문헌

- 이문기 외, 『한·중·일의 해양인식과 해금』, 동북아역사재단, 2007.
- 주강현, 『등대: 제국의 불빛에서 근대의 풍경으로』, 생각의나무, 2007.
- 박천홍, 『악령이 출몰하던 조선의 바다: 서양과 조선의 만남』, 현실문화, 2008.
- 岡本保誠 편, 『仁川港』, 仁川商工會議所, 1931; 이영호 외, 『역주 인천항』, 인천역사자료관, 2005.
- 황은수, 「개항기 한중일 정기 해운망과 조선상인의 활동」, 『역사와 현실』 75, 2010.
- 황은수, 「개항장 인천의 기선 해운 네트워크」, 『인천역사』 8, 인천 광역시 역사자료관, 2011.
- 임학성, 「조선시기 경기 도서지역의 공간인식 변화: 국영목장 설치 (조선 전기)에서 수군진 설치(조선 후기)로」, 『도서문화』 43, 목포대 도서문화연구원, 2014.
- 이영호, 「서구열강의 인천해역 탐사」, 『섬의 시대, 바다의 시대를 열다: 제6회 전국해양문화학자대회 발표집(2)』, 목포대학교, 2015.

더 읽어볼 책들

• 김경옥, 『조선후기 島嶼연구』, 혜안, 2004.

조선 후기 중앙 정부의 섬 개발 정책을 중심으로 섬의 위상 변화와 중앙 정부의 정책을 역사적으로 파헤친다. 여말선초 왜구의 침략을 피하여 공도 정책을 선포한 이후 버려진 땅으로 전락하였다가 영·정조 시대 개발의 대상으로 부각된 섬의 역사를 추적하며 그를 통하여 조선 후기 사회에 대한 또 다른 일면을 추적해 본다.

• 주강현, 『등대: 제국의 불빛에서 근대의 풍경으로』, 생각의나무, 2007.

우리나라 근현대 100년사와 등대 100년사에 관한 본격적인 현장탐사 기록을 담은 책이다. 역사민속학자이자 해양문화사가인 주강현이 쓴 우리나라 최초의 등대 보고서로, 등대를 통해 한국의 근현대사와 문화, 그리고 삶에 대한 성찰을 시도하고 있다. 아울러 등대에 관한 기존의 통념인 '낭만의 불빛'에 더하여 '제국의 불빛'에도 주목하고 있다. 등대는 우리가 흔히 생각하는 것처럼 낭만적인 이미지와는 거리가 먼 표상이며, '등대지기'라는 표현도 1920년대 식민지시대의 애잔한 취향이 빚어낸 신조어일 뿐이라고 이야기한다.

• 이문기 외, 『한·중·일의 해양인식과 해금』, 동북아역사재단, 2007.

한국, 중국, 일본의 해양인식과 해금을 연구한 책. 동아시아에서 전개된 교류와 교역의 역사를 하나의 공통된 시각으로 바라봄으로써 객관적인 국제관계사의 체계를 수립하고자 했다. 동아시아 삼국을 둘러싸고 있는 동해와 서해(황해), 동중국해와 남중국해를 포괄하는 지역을 가리키는 '동아시아해'의 역사를 한국·중국·일본의 해양인식과 해양정책이라는 측면에서 살펴보고, 동아시아해에 관한 삼국의 인식과 입장의 역사적 차이를 검토하였다.

- 박천홍, 『악령이 출몰하던 조선의 바다: 서양과 조선의 만남』, 현실문화, 2008.

'먼 나라에서 온 손님들', '사천을 측량하고 사교를 퍼뜨리다', '러시아와 미국의 습격', '바다로 잠입한 근대'의 4가지 주제로 나눠 격동하는 세계 현실을 외면한 당시 조선 정부의 모습과 한반도 바다를 찾아왔던 이방인들의 모습을 보여준다. 16세기 유럽이 탐험으로 우연히 표류하거나 잠시 상륙하는 과정에서 시작된 한반도 바다의 양선의 출현은 18세기를 거쳐 19세기에 이르면서 통상요구와 기독교 선교, 측량 등의 이유로 조선을 찾기 시작했다. 당시 서양인들의 기록과 조선의 기록을 바탕으로 개항 이전의 조선의 모습을 재구성한다.

- 인하대학교 한국학연구소 편, 『동아시아 개항도시의 형성과 네트워크』, 글로벌콘텐츠, 2012.

2012년 12월 1일부터 3일까지 인하대학교 한국학연구소의 주관으로 목포대학교 도서문화연구원, 부산대학교 한국민족문화연구소, 제주대학교 탐라문화연구소, 그리고 한국해양대학교 국제해양문제연구소가 공동으로 개최한 국제학술회의의 논문집이다. '개항도시'에 초점을 맞추어 근대전환기 동아시아 역사에서 개항도시가 담당한 역사적 역할을 일국사, 지방사의 관점이 아닌 동아시아적 맥락 속에서 상호 간의 관계를 살펴보면서 비교 고찰한다.

왕과 왕실 가족의 유배지
인천의 섬
: 교동喬桐을 중심으로

남달우

인하대학교 사학과를 졸업하고 동 대학원에서 「조선 선조대의 정국운영에 관한 연구」라는 논문으로 박사학위를 받았다. 인하대와 방송통신대 등에서 한국사를 강의하고 있으며, 조선시대 정치사와 인천지역사 연구에 열정을 쏟고 있다. 현재 인문고전과 인천지역사 연구 모임인 인하역사문화연구소의 소장으로 재직 중이다. 주요 논저로는 「인천읍호승강에 대한 연구」(2002), 「인천향교연구」(2005), 「숙종대 김포 장릉 방화사건과 읍격변화」 (2014), 『강화충렬사지』(2005, 공저), 『역주 학궁의례』(2011, 공저) 등이 있다.

왕과 왕실 가족의 유배지 인천의 섬

: 교동(喬桐)을 중심으로

1. 들어가며

　　인천광역시는 강화군·옹진군의 2개 군과 중구·남구·동구·서구·남동구·연수구·부평구·계양구의 8개 구의 행정구역으로 나누어진다. 강화군에는 강화도와 교동도가, 옹진군은 7개 면(북도면·연평면·백령면·대청면·덕적면·자월면·영흥면) 가운데 사람이 거주하고 있는 23개의 섬과 거주하고 있지 않은 92개의 섬 등 도합 115개의 섬으로 이루어져 있다. 그리고 8개 구는 옛 인천과 부평으로 불렸던 곳이 분구된 것이다.

　　그런데 강화와 교동은 고려와 조선시대 왕과 왕실 가족의 유배처였으며, 옹진은 고려시대 원元 황실 인물들의 유배지1) 및 고려 관직자의 유배지로 이용되었다.

특히 교동은 고려 희종熙宗과 조선의 연산군·광해군이 유배된 곳으로서, 희종은 교동에 유배된 최초의 국왕이다. 또한 교동에는 세조의 동생인 안평대군, 광해군의 친형 임해군, 추존왕인 원종元宗의 아들 능창대군, 소현세자의 아들들인 경안군慶安君·경선군慶善君, 인조의 아들 낙선군樂善君, 소현세자의 손자들인 임창군臨昌君·임성군臨城君 등이 유배되었다. 그러면 교동은 왜 폐군된 국왕 및 왕실가족의 유배처가 되었을까? 이에 앞서 조선시대 형벌제도에 대해 살펴보자.

2. 형벌

조선의 형벌시행은 『경국대전』 형전에 '用大明律'이라 하여 명의 대명률을 사용하였음을 알 수 있다. 대명률의 형벌 조항은 『서경書經』에 뿌리를 두고 있다. 『서경』 순전舜典에서 비롯된 중국의 5형은 다음과 같다. 묵형墨刑은 타인의 물건을 훔친 자나 강도에게 가하는 형벌로, 이마나 팔뚝 또는 목 뒷덜미에 가로 세로 4㎝의 크기로 '도적'·'강도'라는 글자를

---

1) 대표적인 인물이 대청도로 유배된 원의 혜종(惠宗, 1332~1370, 順帝라고도 불려진다. 고려 여성인 普顯淑聖皇后 奇氏의 남편)이다.

새기는 형벌이다. 자자형刺字刑 또는 경형黥刑 그리고 삽면형鈒面刑이라고도 한다. 의형劓刑은 음식을 도둑질하면 냄새를 맡지 못하도록 코를 베는 벌이다. 비형剕刑은 도망 노비를 잡으면 다시 도망하지 못하도록 아킬레스건을 자르는 벌로 월형刖刑이라고도 한다. 궁형宮刑은 성범죄를 저지른 자들에게 생식기를 거세하는 벌이다. 대벽大辟은 사형이다. 그러나 이러한 형벌은 점차 시간이 흐르면서 변화되어 수나라 때 태笞·장杖·도徒·유流·사死의 5형제도로 확립되었으며 명나라에 와서 『대명률』로 정리되었다. 그러므로 조선의 형벌을 이해하기 위해서 『대명률』에 규정된 5형을 보자.

1) 태형笞刑

태형은 가장 가벼운 형벌이고 10대에서 50대까지 5등급이 있었다. 대두경大頭徑(큰 지름)은 2분 7리(대략 0.8cm), 소두경小頭徑(작은 지름)은 1분 7리(대략 0.5cm), 길이는 3척 5촌(대략 105~110cm)되는 회초리를 만들어 사용한다. 태형을 집행할 때에는 "매의 가는 편 끝으로 볼기를 친다"고

〈그림 1〉 조선시대 태형 장면
(기산 김준근 풍속화)

하였다. 태형의 집행은 죄수를 형틀에 묶은 다음 하의를 내리고 둔부를 노출시켜 대수를 세어가면서 집행하는데, 부녀자의 경우에는 옷을 벗기지 않으나 간음한 여자에 대해서는 옷을 벗기고 집행하였다. 태형을 집행함에 있어 예외가 있었는데 나이가 70세 이상이거나 15세 이하인 자와 폐질에 걸린 자는 태형을 집행하지 않고 대신 속전贖錢을 받았으며, 임신한 여자도 70세 이상인 자에 준하여 처리하였다.

2) 장형杖刑

장형은 태형보다 중한 벌로서 60대에서 100대까지 5등급이 있었고 장형의 집행방법은 태형과 대체로 같고 매의 규격만 달리할 뿐이었다. 장의 법정 규격은 대두경 3분 2리, 소두경 2분 2리, 길이 3척 5촌이 되는 큰 회초리로 만들었다.

〈그림 2〉 조선시대 장형 장면
(기산 김준근 풍속화)

3) 도형徒刑

도형은 오늘날의 징역형에 해당하는 것으로 일정한 기간 관아에 구금하여 노역에 종사시키는 자유형의 일종이었다. 도형의 기간은 1년에 장 60대, 1년 반에 장 70대, 2년에 장 80대, 2년 반에 장 90대, 3년에 장 100대까지 5등급으로 도형에는 반드시 장형이 부과되었다.

도형에 처하게 되면 노역勞役에 종사하게 되는데, 『대명률직해』에는 소금을 굽거나 쇠를 불리게 하는 작업을 부과시키며 염장에 보내진 자는 매일 소금 3근을 굽고, 양철장에 보내진 자는 매일 철 3근을 불려서 각각 상납한다고 규정하고 있으나, 실제 염장이나 철장이 없는 관아에서는 제지製紙, 제와製瓦 또는 관청의 잡역 등의 노역을 부과시켰다.

도형에는 도형수의 귀휴, 병가제도도 있었다. 형전사목刑典事目에는 유배죄인이 부모님 상을 당하였을 때 역모에 관계된 죄인이 아니면 말미를 주어 다녀올 수 있게 하였고, 『대명률직해』에는 도형수가 복역 중 병이 났을 때 도형수에게 병가를 주었다가 병이 완쾌되면 병가의 일수를 계산하여 다시 병가 중 쉬었던 노역을 보충하게 하였다.

4) 유형流刑

유형流刑은 다음 장에서 자세히 알아보도록 하자.

5) 사형死刑

사형은 형벌 중에서 극형에 해당하는 것으로 조선시대에는 『대명률』의 규정에 의하여 교형絞刑과 참형斬刑의 2종으로 정하였다. 교형은 신체를 온전한 상태로 두고 목을 졸라 죽이는 것이며, 참형은 신체에서 머리를 잘라 죽이는 것이다. 그렇지만 죄질에 따라 사형의 방법을 달리하여 능지처사하는 경우도 있었다. 사

〈그림 3〉 조선시대 참형 장면

형에는 대시집행과 부대시집행이 있는데, 대시집행이란 사형이 확정된 후에도 일정기간 대기하였다가 추분 이후부터 입춘 이전에 날짜를 정하여 사형을 집행하는 것으로 일반 사형수에게 적용하였다. 이와 반대로 부대시집행은 사형이 확정되면 때를 기다리지 아니하고 즉시 사형을 집행하는 것으로 보통 10악(謀叛, 謀大逆, 謀反, 不道, 大不敬, 不孝, 不睦,

不義, 內亂)의 범죄에 적용되었다.

한편 80세 이상인 자, 10세 이하 어린이, 불치병자는 임금의 허가 없이는 집행이 불가했으며 90세 이상인 자와 7세이하 어린이는 사형을 집행하지 않았다.

3. 유배형

유형流刑은 중한 죄를 범하였을 때, 차마 사형에 처하지 못하고 먼 곳으로 보내어 죽을 때까지 고향에 돌아오지 못하게 하는 형벌로[2] 반드시 장형杖刑을 병과倂科한다[3]고 하였으나 조선왕조에 있어 폐군된 왕 및 왕실 가족 등에게는 장형을 부과한 예를 찾을 수 없다. 유流는 "유삼등 조의지리원근 정발각처황무 급빈해주현안치流三等 照依地理遠近 定發各處荒蕪 及瀕海州縣 安置"[4]라 하여 황무지와 해변의 고을에 보내는 것이며, 주로 정치범 내지 국사범에 과해졌다. 배配는 유형지의 지명을 기록하는 것으로 유배는 구체적으로 배소配所의 지명을 기록하는 것이다.

---

2) 『大明律直解』 五刑名義.

3) 한국정신문화연구원, 역주 『경국대전』 주석편, 1992, 671쪽.

4) 『大明律』 各例律, 徒流遷徙地方條.

『대명률』에는 유배형의 종류가 유배인의 원래 거주지와 유배 가는 지역과의 거리를 기준으로 2,000리·2,500리·3,000리의 세 등급으로 구분되어 있었다. 또한 유배의 다른 명칭으로 찬찬竄, 적謫, 방방放, 출출黜, 천사遷徙, 병征, 투비投畀와 같은 용어가 쓰이고 있다. 유배형은 부처付處와 안치安置가 대표적이다. 부처는 관원에 대하여 부과하는 유배형으로 일정한 지역을 지정하여 거처하게 하는 거주 제한의 의미이다. 안치는 배소의 일정한 장소에 격리하여 거처하게 하는 것으로, 왕족이나 고위관료, 현족顯族(권세 있는 집안－필자 주)에 있는 자에 한하여 적용된다.

좀 더 상세히 살펴보면 부처는 중도부처中途付處라고도 하는데, 생활 근거지 주변의 일정한 장소를 지정하여 배소를 정한다는 점이 특징이다. 또한 때에 따라서는 자신의 거처할 곳을 자원할 수 있기 때문에(자원부처)5) 일반적인 유배형보다는 가벼운 처벌로 인식되었다. 안치는 부처보다 무거운 처벌이었는데, 죄인의 고향에 안치시키는 본향本鄕안치, 섬 지방에 격리시키는 절도안치, 특정 지역에 옮겨 집 주위에 가시나무로서 담장을 설치하여 그곳을 벗어나지 못하도록 하는 위리안치 등으로 구분된다. 부처와 안치 두 형벌은

---

5) 『문종실록』 권8, 문종 원년 6월 계미.

대상자가 고위관료와 왕족에 한
한다는 점, 거주지로부터의 추
방이라는 의미보다는 서울로부
터의 추방을 의미한다는 점에서
일반인의 유배형과 구분된다.

조선시대 법전에는 유배지에
대한 규정이 보이지 않고 다만
『세종실록』에 상세히 기록되어
있다. 1430년(세종 12)에 정해진
유배지의 규정은 다음과 같다.

〈그림 4〉 조선시대 유배 가는 장면

① 경성·유후사(留後司)·경기에 거주하는 유배자: 3천 리(里) 유배
　 는 경상·전라·평안·함길도 안에서 30식(息) 밖에 있는 해변의
　 여러 고을, 2천 5백 리는 경상·전라·평안·함길도 안에서 25식
　 밖에 있는 여러 고을, 2천 리는 경상·전라·평안·함길도 안에서
　 20식 밖에 있는 여러 고을
② 충청도: 3천 리는 함길도 안에서 30식 밖에 있는 여러 고을, 2천
　 5백 리는 함길도 안에서 25식 밖에 있는 여러 고을, 2천 리는
　 경상·전라·강원·함길도 안에서 20식 밖에 있는 여러 고을
③ 경상도: 3천 리는 함길도 안에서 30식 밖에 있는 여러 고을, 2천
　 5백 리는 함길도 안에서 25식 밖에 있는 여러 고을, 2천 리는

전라·강원·함길도 안에서 20식 밖에 있는 여러 고을

④ 전라도: 3천 리는 강원·함길도 안에서 30식 밖의 해변에 있는 여러 고을, 2천 5백 리는 강원·함길도 안에서 25식 밖에 있는 여러 고을, 2천 리는 경상·강원도 안에서 20식 밖에 있는 여러 고을

⑤ 강원도: 3천 리는 전라·평안도 안에서 30식 밖의 해변에 있는 여러 고을, 2천 5백 리는 전라·평안도 안에서 25식 밖에 있는 여러 고을, 2천 리는 경상·황해도 안에서 20식 밖에 있는 여러 고을

⑥ 황해도: 3천 리는 강원·함길도 안에서 30식 밖의 해변에 있는 여러 고을, 2천 5백 리는 강원·함길도 안에서 25식 밖에 있는 여러 고을, 2천 리는 강원·평안도 안에서 20식 밖에 있는 여러 고을

⑦ 함길도: 3천 리는 경상·전라도 안에서 30식 밖의 해변에 있는 여러 고을, 2천 5백 리는 경상·전라도 안에서 25식 밖에 있는 여러 고을, 2천 리는 강원·평안도 안에서 20식 밖에 있는 여러 고을

⑧ 평안도: 3천 리는 강원도 안에서 30식 밖의 해변에 있는 여러 고을, 2천 5백 리는 강원도 안에서 25식 밖에 있는 여러 고을, 2천 리는 황해·함길도 안에서 20식 밖에 있는 여러 고을

⑨ 변원충군(邊遠充軍)은 위의 각도에서 30식 밖의 극변 방어소(極

邊防禦所)에 충군하고, 만일 국가에 관계되는 죄수라면 평안도의 인산(麟山)·이산(理山) 이북의 연변(沿邊) 각 고을과 함길도의 길주(吉州) 이북의 여러 고을에 유배하거나 충군하지 않는다.[6]

이상의 규정은 조선이 『대명률』을 획일적으로 적용하는 것이 아니라 조선의 사정에 적합하도록 수정 보완한 사례이다. 위 규정의 특징을 정리하면 첫째, 유배지는 죄수의 거주지로부터 20식 이상 밖의 고을로 정해졌다. 1식은 사람이 30리를 걸은 후 1번 휴식하는 것으로[7] 20식은 600리 정도의 거리로 『대명률』의 2,000리 유배에 해당된다(25식은 750리로 『대명률』의 2,500리에 해당되며 30식은 900리로 3,000리에 해당된다). 둘째, 유배지는 죄인의 집이 있는 도내에는 정하지 않았다. 셋째, 서울과 함께 경기·충청도를 유배지에서 제외하였다. 그러나 경기의 강화와 교동은 실제적으로 폐군 및 왕족의 유배지로 이용되었다.

이와 같이 유배인의 거주지를 기준으로 유배지의 원근을 정하는 한편, 일부 특수한 죄인에 대해서는 예외적인 규정이 마련되었다. 즉 국가의 정무와 관계된 죄수는 평안도의

---

6) 『세종실록』 권50, 세종 12년 윤12월 정미.

7) 『古法典用語集』, 法制處, 1979.

인산과 이산 이북의 연변 각 고을과 함길도의 길주 이북의
고을에 유배 보내는 것을 금지하고 있는데[8] 이는 죄인의
해외도피나 국가기밀의 해외 유출을 막기 위한 조치이다.

조선 후기의 유배지는 거주지에서 1,000리 밖으로 정해
진 것이 항례恒例였다. 즉 1672년(현종 13)의 『수교정례(受教
定例)』에 다음과 같이 전교하고 있었던 것이다.

근래에 유죄(流罪)의 류(類)에 대하여 혹은 본도(本道) 혹은 가까
운 도에 배치하고 있으니 이는 극히 근거가 없다. 우리나라가 면적
이 넓지 아니하여 유죄를 비록 법률에 정한 리수(里數)에 준할 수는
없으나, 헤아려 제도를 정하지 아니하는 것은 불가하다. 유죄에 대
해서는 천리 밖을 필수로 하여 정배하는 것을 영구히 규정으로 한다
는 뜻을 담당 관부로 하여금 써서 벽에 걸게 하고, 또한 각도로 하여
금 준수시행하게 하여야 한다.[9]

전국의 유배지 가운데 가장 혹독한 곳은 극변極邊이나 절
도絶島로, 이들 지역은 국왕의 특별한 분부가 있어야 유배지
로 배정되었다. 절도정배는 극변지역으로 가는 유배보다

---

8) 『세종실록』 권50, 세종 12년 윤12월 정미, "若關係國家罪囚 則勿於平安道麟山
理山以北沿邊各官 咸吉道吉州以北各官流配及充軍 從之."

9) 『受教定例』 二, 定配千里外恒式條.

더 가혹하여, 여러 형태의 유배형 가운데서 가장 혹독한 형벌이다. 절도정배지는 제주도, 남해도, 진도, 거제도, 흑산도 등이 배정되었다.10) 이들 지역은 배가 아니면 육지와의 연결이 차단되어있기 때문에 그만큼 도망갈 수 있는 가능성이 적고, 생활환경이 열악하였다. 이에 따라 1726년(영조 2)에는 국왕의 특지 외에는 흑산도와 극변을 배소로 정하는 것을 금지하고, 만약 이러한 극오極惡지를 택하여 정배하게 되면 해당 당상관은 반드시 징계하도록 규정하였다.11)

유배지를 지정하는 절차를 보면, 왕으로부터 유배 또는 정배하라는 하교가 있게 되면, 의금부와 형조에서는 왕의 하교에 따라 유배지를 배정하여 아뢴다. 압송관은 유배자가 현직에 있는지의 여부 및 관직의 고하에 따라 차등 있게 배정되었다. 『의금부노정기義禁府路程記』 나압식拿押式에서는 이를 보다 상세하게 규정하였다.

판서와 자헌대부 이상은 도사(都事)가 잡아 압송하고, 참판과 가의대부 이하는 서리(書吏)가 나압하고, 당하관 통훈대부 이하는 나장(羅將)이 나압한다. 감사·병사·수사·사도(四都)의 유수는 자품에

---

10) 『광해군일기』 권58, 광해군 4년 10월 12일 임신.
11) 『新補受敎輯錄』 刑典, 推斷條.

관계없이 (…중략…) 곧바로 정배될 때에는 서리가 나압한다. 위리 안치 죄인과 발포(發捕) 죄인은 자품과 상천(常賤)에 관계없이 도사가 나압한다.[12]

유배인이 배소에 도착한 뒤에는 해당도의 관찰사가 죄명과 도배到配 일자를 열거하여 왕에게 보고하고 형조에 문서로 보관하게 된다.[13]

유배형은 관료만이 아니라 국왕 및 종친도 대상이 되었다. 조선의 왕위계승은 왕위 계승자 개인만이 아니라 그를 추종하는 인물 또는 세력집단에게는 매우 중요한 일이었다. 그러므로 새로운 국왕의 즉위는 대부분 정치세력의 변화뿐만 아니라 그에 따른 정계 개편을 수반하였다. 정치세력의 교체는 왕위를 위협할 수 있는 인물이나 집단에 대한 제거를 의미하는 것이며, 이를 위한 가장 확실한 방법이 역모로 모는 것이었다. 때문에 조선시대 모든 왕대에 있어 역모사건은 끊이지 않고 발생하였다. 특히 왕위 계승자의 범주에 속해 있던 종친은 항상 역모에 관련될 위험이 있었다.

그리고 조선사회는 유교 윤리에 의한 명분을 중시하였다.

---

12) 『義禁府路程記』(규19531) 拿押式.
13) 『續大典』 권5, 형전 추단조.

이는 국왕도 예외가 아니었다. 즉 국왕이라 하여도 유교적 명분에 위배되는 행동을 하였을 경우 반정反正을 통한 폐군도 가능하였던 것이다. 이러한 폐군 및 역모 사건에 대한 처리 결과는 첫째 친국 후 즉시 사사, 둘째 친국 후 유배한 뒤 사사 및 자연사, 셋째 유배 후 해배 등 세 유형으로 나타난다.

〈표〉 조선시대 폐군 및 종친의 유배의 예

연도	유배자	유배지	유배 이유	유배 후	비고
定宗 2년 (1400)	懷安大君	兎山-安山- 益州-順天- 完山-洪州	逆謀 (왕위계승 권 쟁탈)	유배지 자연사	太祖와 神懿王后의 子
端宗 1년 (1453)	安平大君	喬桐	역모	賜死	世宗과 昭憲王后의 子
世祖 3년 (1457)	端宗	영월	역모 (복위)	살해	君으로 降封
世祖 3년 (1457)	錦城大君	朔寧-廣州- 順興	역모	사사	世宗과 昭憲王后의 子
成宗 1년 (1470)	龜城君	寧海府	역모	유배지 자연사	世宗의 第4子인 臨瀛 大君의 子
中宗 1년 (1506)	燕山君	교동	강상	유배지 자연사	廢君, 成宗과 廢妃 尹氏 의 子
中宗 28년 (1533)	福城君	尙州(本鄕)	동궁모해 (역모)	사사	中宗과 敬嬪朴氏의 子
光海君 1년 (1608)	臨海君	교동	역모	살해	宣祖와 恭嬪金氏의 子
光海君 5년 (1613)	永昌大君	강화	역모	살해	宣祖와 仁穆王后의 子

光海君 7년 (1615)	綾昌大君	교동	역모 (추대)	자살	元宗과 仁獻王后의 子
仁祖 1년 (1623)	光海君	강화-교동-제주	강상	유배지 자연사	廢君. 선조와 공빈김씨의 子
仁祖 6년 (1628)	仁城君	珍島	역모 (추대)	자살	宣祖와 靜嬪閔氏의 子
仁祖 24년 (1646)	慶安君·慶善君	제주-강화-교동	강빈옥사 연좌	解配	昭顯世子와 姜嬪의 子
孝宗 3년 (1652)	崇善君	강화	김자점 역모 연좌	해배	仁祖와 貴人趙氏의 자
孝宗 3년 (1652)	樂善君	海島-교동	김자점 역모 연좌	해배	仁祖와 貴人趙氏의 子
肅宗 5년 (1679)	臨昌君·臨城君	제주-교동	역모 (추대)	誣告 해배	소현세자의 손자(경안군의 아들)
肅宗 6년 (1680)	福昌君·福平君	?	역모	사사	인조의 제3자 麟坪大君의 아들
正祖 3년 (1779)	常溪君	강화	역모	자살	사도세자의 손자. 恩彦君의 子. 孝懿王后의 養子

비고 ① 위 〈표〉의 인물 선정은 『연려실기술』과 『한국민족문화대백과사전』을 중심으로 폐군 및 종친으로 유배된 경우로 하였다. 그러나 종친 중 유배당한 인물을 모두 거론하지는 못하였다.
② 종친은 왕의 현손(玄孫) 이내의 인물로 한정하였다.

　　그런데 위 〈표〉에서 폐군 및 종친의 유배지가 강화와 교동, 특히 교동에 집중되어 있음을 알 수 있다. 그러므로 교동에 유배된 인물들을 중심으로 교동이 폐군 및 종친의 유배지로 선택된 이유를 알아보겠다.

4. 인천의 섬에 유배된 폐군廢君 및 종친宗親

1) 교동에 유배된 사례

〈그림 5〉 1872년 교동지도

(1) 안평대군

수양대군은 1453년(단종 1) 10월 10일 김종서를 척살하고 안평대군을 성령대군誠寧大君의 집에서 잡아 압송하여 강화에 안치하였다. 또한 안평대군의 아들인 이우직李友直을 잡아 강화에 안치하였다가 교동현으로 옮긴다(계유정란). 안치는 유배지의 일정한 장소에 격리하여 구속시키는 것이며, 왕족이나 고관직에 있는 자에 한하여 적용되었다.

그런데 流유는 유배지의 거리에 따라 2천리·2천5백리·3천리 등 3등급이 있고, 5백리마다 형刑 1등이 가감된다. 이 규정은 국토가 넓은 중국에는 그대로 적용할 수 있지만 국토가 협소한 조선에서는 불가능하였으므로, 앞에서 보았듯이 세종 12년 5월에 유배지를 정하였으나 강화와 교동 경기도는 유배지에서 제외되었다. 특히 섬에 유배를 보낼 때에도 거제도·진도·남해도·추자도 등이 거론되었고 한양과 가까운 강화도나 교동을 유배지로 정한 것은 보이지 않는다. 그러나 안평대군을 강화도에 안치하였다가 교동현으로 이치 하였다는 것은 특수범죄인, 이를테면 국왕이었다가 폐군이 되었거나 국왕의 혈육으로서 왕위에 오를 수 있는 위치에 있었던 인물들에 한해서는 정책적인 고려에서 예외를 인정하였음을 알 수 있다. 즉 이들의 동태를 쉽사리 파악하고 감시를 용이하게 하기 위하여, 또 이들은 사대부나 일반 관료와는 신분이 다른 인물들이기에 예우를 위하여 한양과 가까운 강화도 또는 교동을 유배지로 결정하였다.

안평대군은 단종 1년 10월 정인지 등의 청에 의하여 사사되고 아들 이우직 또한 진도로 이배되었다가 교형에 처해졌다.

(2) 연산군

연산군은 광해군과 함께 조선시대 폐군된 국왕가운데 한 사람이며, 『선원계보璿源系譜』에 묘호廟號와 능호陵號 없이 왕자의 신분으로만 기록되어 있다. 1506년 9월 2일 성희안·박원종·유순정 등의 반정에 의해 폐위되어 왕위에 있은 지 12년 만에 연산군으로 강봉되어 교동으로 유배되었다.

연산군을 교동으로 옮길 때 나인 4명, 내시 2명, 반감飯監 1명만이 따라갔고 당상관 한 사람이 군사를 거느리고 호위하였다. 연산군은 붉은 옷에 갓을 쓰고 띠도 없이 내전문으로 나와 땅에 엎드리면서 "내가 큰 죄를 지었는데도 특별히 임금의 은혜를 입어 죽지 않게 되었습니다" 하였다.

호위 장수 심순경은 "안치소에 가서는 둘레에 친 울타리가 좁고 높아서 해를 볼 수가 없었으며, 다만 작은 문 하나가 있어 음식을 통하였습니다"라 하였다.

12월에 교동 수직장 김양필金良弼, 군관 윤구서尹龜瑞가 "연산군이 역질로 몹시 괴로워하며 물도 마실 수 없을 뿐만 아니라 눈도 뜨지 못합니다" 하여 중종이 의관을 보내어 치료하게 하였으나 도착하기 전에 31살의 나이로 운명하였다.

〈사진 1〉 교동의 연산군 유배 추정지(고구리)

〈사진 2〉 교동의 연산군 유배 추정지(읍내리 교동읍성 내)

(3) 임해군

광해군의 왕위계승은 명분상 하자가 있었다. 즉 선조의 장자인 임해군을 제치고 차자인 광해군이 세자가 되었는데 명明은 이 때문에 광해군의 세자 책봉을 인정하지 않았다. 이 같은 상황 하에서 광해군을 지지하는 세력이 광해군 즉위의 걸림돌인 임해군을 제거하기 위해 임해군을 역모로 몰아갔다. 임해군은 진도에 정배되었다가 강화로 옮겨서 안치되고 10일 뒤 교동현에 안치되었다.

한편 광해군 즉위 후 명의 고명誥命을 받기 위하여 이호민 등이 연경에 도착하였으나 명에서는 왕의 차서次序가 합당하지 않다는 것을 이유로 허락하지 않았다.

왕위 계승을 조사하기 위하여 명의 차관이 오자 광해군은 외척 김예직金禮直을 보내 임해군에게 차관을 만났을 때 답할 말을 일러주었고, 형조 정랑 정호관丁好寬과 선전관 신경원申景瑗을 보내 임해군을 데려오게 하였다. 임해군은 차관을 보고 "나는 일찍이 왜적에게 붙잡힌 적이 있어서 정신을 잃고 못된 행동을 하였다. 또한 중풍에 걸려서 손발을 움직일 수 없다" 하였다. 차관이 임해군에게 반역을 도모하다 죄를 받은 것이 사실인지를 묻자, "사실 이러한 일은 없었다"라고 부인하였다. 결국 명의 차관 엄일괴嚴—魁 등은 광해군에게 수만 냥의 은을 받고는 평이하게 조사한 뒤에 돌아갔다. 임해군은 다시 교동에 유배되었다가 위소圍所에서 수장 이정표李廷彪가 핍박하여 독을 마시게 했으나 따르지 않자 목을 졸라 죽였다.

(4) 능창군

능창군 전佺은 원종元宗의 3자로 재기가 출중하였는데 1615년(광해군 7) 신경희申景禧가 양시우楊時遇·김정익金廷益·소문진蘇文震 등과 반역을 모의하여 능창군을 추대하려 하였다는 상소가 있었다. 그런데 광해군은 평소 능창군의 모습이 범상치 않다는 말을 들어 온데다, 또 정원군(후의 元宗)의 새문동塞門洞 집과 인빈仁嬪의 선영에 왕기가 있다는 말을 듣고 의심해 왔는데 상소가 들어오자 옥사를 일으켰다.

광해군은 능창군을 제거하려 하였으나 대신과 추관이 모두 "전佺은 역모에 연관된 자취가 없으니 죄를 주어서는 안 될듯합니다" 하였고, 당시 대북의 영수 정인홍 역시 반대하자 광해군은 능창군을 교동에 위리안치 하였다.

그런데 능창군의 위리안치소를 지키는 수장이 능창군을 찬 돌방에서 자게하고 모래와 흙이 섞인 밥을 주었다. 이 때문에 수생壽生이라고 하는 관동이 항상 그가 먹던 밥을 나누어 능창군에게 올리자 수장은 관동을 가시문 밖에 앉아서 먹도록 하였다. 그러나 관동은 몰래 능창군과 약속하여 옷을 문안에 펴놓게 하고 때때로 숟가락에 밥을 떠 지나가면서 던져주면 능창군이 한두 숟가락씩 얻어서 먹었다. 결국 능창군은 괴로움을 견디지 못하여 스스로 목을 매었다.

(5) 광해군과 폐세자

1623년 인조반정 직후 광해군은 약방藥房에, 폐세자는 도총부都摠府에 안치되었다. 이후 광해군의 유배는 인목대비의 하교에 의하여 멀리 떨어진 섬에 정배시키면 뜻밖의 근심(광해군의 복위-필자 주)이 발생할 것이므로 가까이 강화나 교동에 안치시키기로 결정되었다. 결국 광해군과 폐비는 강화에 안치되고 폐동궁과 폐빈은 교동에 안치되었다. 그러나 김류가 강화는 지형이 몹시 견고하나, 교동은 삼면이 모두 큰 바다라 하나도 막고 가린 데가 없고 중국의 배가 왕래하여 사세가 전과 다르다(폐동궁과 빈이 탈출할 수 있다-필자 주) 하며 폐동궁과 폐빈을 강화에 안치시키기를 청하여 모두 강화에 옮겨지게 된다.

광해군이 다시 교동으로 옮겨진 것은 병자호란을 당하여 강화도가 함락될 위험에 처했을 때였다. 광해군을 교동으로 옮긴 이유는 강화도가 청에 함락 당하면 청에 의해 광해군이 복위될 것을 걱정한 조처로 시간상 급박하다보니 먼 곳으로 광해군을 옮기지 못하고 교동으로 옮긴 것이다.

광해군은 병자호란 후에 다시 제주도로 이치 되고 있는데, 제주도로 옮긴 이유는 또 다시 청의 침입을 받더라도 광해군이 청과 연결되는 것을 막기 위한 조처였다. 1641년(인조 19) 7월 1일 광해군은 제주에서 위리안치된 가운데 67세로 죽었다.

(6) 경안군

경안군 회檜의 아버지는 소현세자이며 어머니는 우의정 강석기姜碩期의 딸 강빈姜嬪이다. 1646년 1월 3일 인조는 수라상에 올린 전복죽에 강빈이 독을 풀었다고 공표하고 2월에 강빈의 사사를 명하였다. 이에 연좌되어 경안군은 나이 3살에 두 형과 같이 제주도에 유배되었다. 경안군의 두 형은 의문사 하였지만 경안군만은 죽음을 당하지 않고 후에 해배 되었다. 경안군이 죽음을 당하지 않은 것은 유배 당시 나이가 3살인 유아였고, 또 소현세자의 후사를 잇게 하려는 목적에서 목숨을 보존시킨 것이었다. 1650년(효종 1) 인조를 이어 즉위한 효종은 형인 소현세자의 아들인 경안군의 존재에 부담을 가질 수밖에 없었다. 이 때문에 경안군이 성장하자 효종은 경안군을 강화도로 이배한 뒤 다시 교동으로 옮기게 된다. 경안군은 1656년 유배에서 풀려나고 1659년 경안군에 책봉되었으며 1665년(현종 6)에 22살로 죽었다. 경안군이 해배된 것은 첫째, 경안군의 해배는 유배 10년 뒤로서 경안군의 존재가 더 이상 효종의 왕위를 위협할 수 없었고 둘째, 경안군이 해배 뒤 나이 22살에 죽는 것으로 보아 만성적인 질병이 있다거나 더 이상 유배생활을 견딜 수 없을 정도로 허약하였기 때문이라 생각된다.

2) 강화에 유배된 사례

(1) 영창대군

1613년(광해군 5) 소양강을 무대로 시주詩酒를 즐기던 서양갑徐羊甲·박응서朴應犀 등 7명의 서출들이 역모를 꾸몄다는 이른바 '7서庶의 옥獄'이 일어났다. 이이첨 등은 이 역모 사건이 영창대군을 옹립하려고 영창의 외조부 김제남이 주도한 것으로 유도하였다. 이 결과 영창대군은 서인으로 강등되어 강화도에 위리 안치된 후, 1614년 이이첨의 명을 받은 강화부사 정항鄭沆에 의하여 증살蒸殺당하였다.

(2) 숭선군

숭선군 징徵은 인조의 5자로 어머니는 귀인 조씨이며 1646년(인조 24) 숭선군에 봉해졌다. 1651년(효종 2) 누이 효명옹주孝明翁主의 시할아버지 김자점의 역모사건이 일어나자 효명옹주는 서인庶人이 되었고 숭선군도 이에 연좌되어 강화도에 위리안치 되었다. 1656년 부수찬 홍우원洪宇遠의 소청으로 풀려났다.

(3) 상계군

상계군 담湛은 사도세자의 손자이며 은언군恩彦君(철종의 조부)의 아들이다. 정조의 비 효의왕후孝懿王后가 소생 없이 죽자 효의왕후의 양자가 되어 완풍군完豊君에 봉해지고 이어 상계군으로 개봉되었다. 그러나 당시 권력자인 홍국영의 마음에 들지 않아 오히려 모반죄로 몰려 1779년(정조 3) 강화도에 유배되었다가 1786년(정조 10) 음독자살하였다. 어머니와 처 신씨는 독실한 천주교 신자로 1801년(순조 1) 신유박해 때 처형되었고 아버지 은언군도 강화 배소에서 사사되었다.

더 읽어볼 책들

• 양진건, 『그 섬에 유배된 사람들』, 문학과지성사, 1999.

조선 시대의 제주도는 수많은 지식인들을 감금시켰고 유폐시켰던 유배의 섬이었다. 이 책은 절망과 죽음의 땅이었던 제주도에서 유배생활을 한 사람들을 조망한 책이다. 조선 초 한천, 김만희를 비롯해 조선 말 남강 이승훈까지 제주도에 유배된 인물들을 다루고 있다.

• 김만선, 『유배』, 갤리온, 2008.

이 책은 조선시대 오형(五刑) 중 하나였던 '유배(流配)'형에 처한 인물들의 다양한 삶을 담고 있다. 유배지에서 드라마 같은 인생을 펼쳤던, 아울러 명성과 평가에 가려졌던 유배인들의 인간적인 면모가 진하게 드러난다.

• 이종묵 외, 『절해고도에 위리안치하라: 절망의 섬에 새긴 유배객들의 삶과 예술』, 북스코프, 2011.

이 책은 국문학과 한문학과 교수, 그리고 사진작가가 만나 유배객들의 삶을 추적하고, 그 이야기를 글과 사진으로 엮었다. 위도, 거제도, 교동도, 대마도, 진도, 제주도 등 다양한 섬에서 유배를 했던 인물들의 이야기와 현재 섬의 모습을 함께 보여주어 독자들로 하여금 드라마틱한 유배객들의 삶에 취하게 한다.

• 최중기 외, 『교동도』, 민속원, 2015.

강화도에서 불과 4~5km 떨어진 우리나라에서 14번째 큰 섬 '교동도'에 대해 다룬 책이다. 교동도의 역사적 의미, 교동도의 문학과 종교, 교동도의 해양, 식물, 조류, 지리, 교동도의 생활문화와 현재성 등을 소개하고 있다.

인천 섬사람들의 언어

한성우

서울대학교 국어국문학과를 졸업하고 동 대학원에서 석사와 박사학위를 받았다. 가톨릭대학교 교양교육원, 서울대학교 기초교육원 등을 거친 후, 2007년부터 인하대학교 한국어문학과 교수로 재직하고 있다. 전공분야는 한국어음운론과 방언학이지만, 글쓰기 분야에도 많은 관심을 갖고 있다. 주요 저서로는『경계를 넘는 글쓰기』(2006),『평안북도 의주방언의 음운론』(2006),『근대이행기 동아시아의 언어지식』(2010, 공저),『방언정담』(2013),『우리 음식의 언어』(2016) 등이 있다.

인천 섬사람들의 언어

1. 들어가는 말

섬은 매우 독특한 공간이다. 사방이 물로 둘러싸여 있으니 고립된 공간이다. 그러나 섬을 둘러싼 물은 육지와는 다른 길을 내어주기도 한다. 그렇기 때문에 섬은 고립된 공간이기도 하지만 물길을 통해 개방된 공간이기도 하다. 이러한 이유로 섬은 특이한 문화적 양상을 보여준다. 언어 면에서도 예외가 아니어서 고립된 공간이자 개방된 공간의 양면성을 동시에 보여준다. 인천에는 꽤나 많은 섬이 있다. 육지와 연결돼 더 이상 섬이 아닌 섬부터 뱃길로 여러 시간을 가야 닿을 수 있는 섬도 있다. 또한 한참 북으로 올라가야 만날 수 있는 섬도 인천에 포함되어 있다. 그리고 그 섬에는 섬 특유의 말이 발견된다.

2. 언어와 방언

1) 방언, 이 땅의 모든 말

언어를 사용한다는 것은 인간의 중요한 특징 중 하나이다. 지구상에서 사용되는 언어는 3,000개 정도로 추정되고 있는데 지역, 국가, 민족 등에 따라 저마다 다른 언어를 사용하고 있다. 영어와 같이 세계 각지에서 사용되는 언어도 있고, 중국어와 같이 넓은 지역에 걸쳐 많은 이들이 사용하고 있는 언어도 있다. 그 사용자를 손가락으로 꼽을 수 있을 정도의 언어도 있으며, 더 이상 사용자가 없는 언어도 있다. 한국어는 이러한 3,000개 언어 중 하나이며 8천만 명에 육박하는 사용자를 가진 세계 13위 정도의 언어이다. 언뜻 한국어 사용자 수가 적을 것으로 생각할 수도 있으나 지구상의 모든 언어와 비교해 보면 사용자 수가 꽤나 많은 언어임을 알 수 있다.

'한국어'는 하나인가? 다른 3,000개의 언어와 대비할 때 '한국어'는 하나로 간주된다. 즉 8천만 명에 육박하는 사용자들이 하나의 같은 언어를 쓰는 것으로 보는 것이다. 우리가 흔히 중국어라고 부르는 그 언어는 결코 하나의 언어라고 볼 수 없을 정도로 서로 소통이 안 되는 언어가 포함되어 있지만 한국어는 사정이 다르다. 남쪽 제주도의 말과 북쪽 함경도의 말이 다르긴 해도 의사소통이 불가능할 정도는 아니다. 그러니 한국어는 하나의 단일한 언어라고 일단 생각할 수 있다.

그러나 한국어는 하나가 아니다. 지역에 따라서, 세대에 따라서, 계층에 따라서 조금씩 다른 한국어를 쓰고 있다. 다소 과장해서 말하면 8천만 명의 사용자가 조금씩, 혹은 다소 많이 다른 한국어를 쓰고 있는 것이다. 결국 '한국어'는 이처럼 조금씩 서로 다른 언어가 공유하고 있는 공통성을 지칭하는 것일 수도 있지만 8천만 명이 쓰는 모든 말, 나아가 이제까지의 한국어 사용자가 써 온 모든 말을 통칭하는 것일 수도 있다.

이렇게 한 언어 내에서 조금씩 다른 말을 방언이라 일컫는다. '방언'은 '한 언어에서 사용 지역 또는 사회 계층에 따라 분화된 말'로 정의되는데 '사투리, 시골말, 비표준어, 지역어' 등 다양한 이름으로 불리기도 한다. 어떤 이름으로 불리든 방언은 '같음' 속의 '다름'을 전제로 한다. 지역에 따라, 사회 계층에 따라 말이 다소 다르긴 해도 서로 통할 수 있기 때문에 한국어라는 같은 범주에 넣을 수 있는 것이다. 따라서 '한국어'라는 공통성 내에서 쓰이는 '이 땅의 모든 말'이라 할 수도 있고, 역으로 '이 땅의 모든 말'을 '한국어'라고 할 수도 있다.

2) 한국어의 방언

한반도는 남북 방향으로 길게 늘어져 있고 백두대간이 동과 서를 가르는 뼈대를 이루고 있다. 이러한 이유로 한국어는 남북으로 차이를 보일 수도 있고, 동서가 차이를 보일 수도 있다. 언뜻 생각하기에는 남북의 언어 차이가 커 보인다. 더욱이 남과 북이 분단된 상황 때문에 이러한 생각은 더욱 굳어져 있기도 하다. 그러나 언어학적으로는 남북의 차이가 그리 크지 않다. 서울말과 평양말이 큰 차이가 있는 것으로 느껴지지만 그것은 심리적인 차이일 뿐 남과 북의 언어에 넘을 수 없는 벽이 있을 정도로 큰 차이가 있는 것은 아니다.

언어학적으로 보면 오히려 남북 차이보다 동서 차이가 더 크다. 가장 큰 지표가 될 수 있는 것은 어휘나 문장보다 말소리이다. 특히 길고 짧음과 높고 낮음으로 단어의 뜻을 구별하는 것이 그렇다. 한반도의 서쪽에서는 길고 짧은 것으로 단어를 구별한다. 언어학적으로 봤을 때 이러한 차이는 어휘나 문장보다 훨씬 더 큰 차이이다. 어쩌면 반도의 동쪽 말과 서쪽 말이 뿌리가 같지만 완전히 다른 언어의 영향을 어느 한 쪽이 받은 것일 수도 있고, 본래 뿌리가 달랐는데 오늘날의 한국어라는 공통의 말이 덮어씌워진 것일 수도 있다.

그렇지만 한국어의 방언을 나눌 때는 남북 축과 동서 축을 모두 고려한다. 남북으로는 남부, 중부, 북부로 나눈다. 이중 중부방언은 동서의 차가 크지 않아 동서 구분을 하지 않는다. 하지만 남부와 북부는 동서의 차가 커서 다시 동서로 나눈다. 이렇게 하면 중부, 동남, 서남, 동북, 서북 5개의 방언 구획이 가능하다. 여기에 육지와는 다소 큰 차이를 보이는 제주를 포함하면 6개의 대방언이 한국어에 있다고 본다. 행정구역에 따라 이름을 붙이면 중부방언, 경상방언, 전라방언, 함경방언, 평안방언, 제주방언으로 한국어를 나눌 수 있다.

한국어는 주로 한반도 내에서 주로 쓰이고 있지만 한반도 이외

한국어의 방언 구획

의 지역에서도 많이 쓰인다. 가장 많이 쓰이는 지역은 두만 강과 압록강 건너편의 중국 땅이다. 그리고 연해주나 중앙 아시아의 독립국가연합 일부에서도 한국어 사용자가 꽤 있 다. 이들은 19세기 후반부터 일제강점기에 이르기까지 집 단 이주를 한 이들의 후손이다. 정착 단계부터 같은 지역에 모여 살았기 때문에 오랜 기간 동안 한국어를 잘 유지해 올 수 있었다.

중국의 경우 흥미로운 것은 두만강과 압록강을 경계로 한반도를 뒤집어 놓은 것처럼 방언권이 형성되었다는 것이 다. 중국 땅에 가까이 있는 사람들이 먼저 가까운 땅에 자리 를 잡고, 보다 먼 사람들은 순차적으로 자리를 잡다 보니 한국에서 가까운 지역에서는 함경, 평안 방언이 사용되고 멀리 떨어진 내륙 지역에서는 경상, 전라, 충청 방언이 사용 된다. 그러나 중국의 개혁개방과 한중 수교 이후 집단 거주 지가 해체되고 많은 조선족 학교가 폐교됨에 따라 한국어 사용자가 점차 줄고 있는 추세이다. 중앙아시아 지역은 상 황이 더 나빠서 젊은 세대들은 거의 한국어를 하지 못한다.

3. 섬과 방언

1) 언어의 섬과 섬의 언어

'언어'와 '섬'은 언어학적 용어에서 밀접한 관련을 맺기도 한다. '언어 섬' 혹은 '언어의 섬'은 아주 좁은 특정 지역에 주변에 널리 쓰이는 언어와 구별되는 언어가 쓰이는 경우에 사용되는 용어이다. 프랑스와 스페인의 국경인 피레네 산맥 지역에서 쓰이는 바스크어는 주변의 다른 언어와는 계통이 매우 다른 언어여서 마치 바다에 둘러싸인 섬처럼 고립된 언어이다. 또한 러시아나 폴란드의 극히 좁은 지역에 독일어가 사용되는 경우가 있는데 이 또한 언어의 섬이라 할 수 있다. 우리나라의 경우에는 울산, 포항, 광양 등 대규모 공장이 있는 지역에 외지에서 온 직원들이 특정 지역에 모여 살아서 주변의 방언과는 다른 방언을 쓰는 사례도 있다.

한반도는 지형적 특성상 섬이 매우 많다. 이 중 제주도는 규모로 보나 행정구역으로 보나 다른 섬과는 비교가 되지 않는다. 언어적으로도 한국어의 방언구획에서 독자적인 방언으로 인정될 만큼 다소 큰 차이가 있다. 지리적으로 한반도와 거리가 많이 떨어져 있을 뿐만 아니라 독특한 역사를 가지고 있었기 때문에 이러한 차이가 나타나는 것은 당연한 것이기도 하다. 그러나 이러한 큰 차이 때문에 오히려 이들은 다른 지역의 사람들과 더 쉽게 소통하기도 한다. 제주도 사람 중 대다수는 표준어를 익혀 마치 이중언어 사용자처럼 육지의 다른 지역 사람들과 소통하기도 한다.

제주도를 제외한 다른 섬들은 행정구역상으로는 인근의 육지에 속해 있다. 특히 서해안과 남해안에는 매우 많은 섬이 있는데 거리나 규모와 관계없이 동일한 위도 상의 육지 행정구역을 따른다. 이러한 구획은 편의에 따른 것이기도 하지만 언어적으로도 대체로 유사할 것이라는 짐작을 하게 한다. 섬이 고립된 지역이기는 하지만 육지와의 교류가 없이 존재할 수 없다. 따라서 이들은 가장 가까운 육지와 교류를 하게 되는데 그 때 거리상 가장 가까운 육지가 바로 동일 위도 상에 있으니 언어적으로 유사한 특징이 나타날 수 있다.

그런데 '섬'이라는 지리적 특성은 언어 면에서 독특한 면모를 보여줄 가능성이 높다. 바다로 둘러싸여 있기 때문에 인접 지역과 자유로운 왕래가 가능하지 않다. 따라서 언어적으로 고립되거나, 섬 지역만의 고유한 언어적 특징이 나타날 가능성이 있다. 다른 지역의 말과는 다른 변화가 독자적으로 나타날 수도 있고, 다른 지역에서 나타난 변화가 영향을 미치지 못할 수도 있다. 또한 어업이 주된 생업이 되는 경우가 많기 때문에 바람, 물때, 물고기 등과 관련된 어휘가 특히 발달하기도 한다.

섬이라는 특성은 언어적 고립이 아닌 독특한 언어적 소통과 도약의 양상을 보이게끔 하기도 한다. 비교적 이동이 자유로운 육지에서는 인접한 지역과 밀접한 관련을 맺고 살기 때문에 언어적으로 점진적인 차이를 보인다. 그런데 섬 지역은 배를 통해 이동할 수밖에 없기 때문에 물길이나 어업의 양상에 따라 특이한 뱃길이 열리기도 한다. 그 결과 뱃길로 이어진 지역끼리 언어적 특성을 공유하기도 하고 아주 멀리 떨어진 지역의 언어적 특성이 나타나기도 한다.

2) 인천의 섬과 언어

인천광역시는 행정구역 면에서 보면 매우 독특한 지역이다. 광역시라 하면 커다란 도시를 먼저 생각하게 되는데 본래의 인천은 이 개념과 부합한다. 그러나 행정구역 개편 과정에 인천광역시는 매우 기형적인 대도시가 되었다. 본래 인천이었던 대도시에 주변의 지역까지 포함되었을 뿐만 아니라 강화도와 서해 도서까지 인천에 포함되었다. 그리하여 대도시와 농촌지역, 그리고 여러 섬까지 포함한 매우 특이한 광역시가 형성된 것이다. 이러한 행정구역 재편의 결과 인천에는 42개의 유인도와 112개의 무인도를 합쳐 154개의 섬이 있다.

인천의 섬 중에 가장 먼저 손가락으로 꼽아야 할 섬은 강화도이다. 강화도는 면적으로 치면 국내 5위에 들 정도로 큰 섬이다. 여기에 교동과 인근의 섬까지 포함하면 더 큰 면적을 차지하고 있다. 현재는 육지와 다리로 연결되어 있기 때문에 진정한 의미의 섬이라고는 할 수 없으나 지리적, 역사적, 문화적으로 매우 독특한 특성을 보이고 있다. 고려시대 이후 피난지, 유배지로서 자리매김해 왔고, 그 과정에서 독자적인 문화를 발전시켜 오기도 했다.

강화군에 포함된 섬을 제외하면 나머지 섬은 옹진군에 속해 있다. 옹진군은 인천 연안과 원해의 크고 작은 여러 섬만으로 이루어진 군이므로 군청을 특정 섬에 따로 둘 수 없어 인천 시내에 군청을 두고 있다는 점도 특징적이다. 이들 섬들은 행정적 편의에 따라 하나의 군으로 묶였고, 이를 다시 인천광역시에 포함되었다. 따라서 이들이 과연 언어적으로 동질적인지, 그리고 인천의 말과 유사한지는 쉽게 단정하기 어렵다.

특히 서해5도는 지리적으로 볼 때 매우 특이하다. 거리상으로는 황해도와 가깝고 인천은 물론 다른 섬들과 매우 멀리 떨어져 있다. 이 또한 행정구획 상의 편의에 의한 것이기 때문에 언어나 문화면에서는 매우 이질적일 가능성이 높다. 비록 분단 이후 실질적으로 가장 가까이 닿을 수 있는 육지가 인천이므로 많은 교류가 이루어졌다고 할지라도 본래 이질적인 섬이었던 만큼 그 특성이 지금까지도 그대로 이어질 가능성이 높다.

인천광역시에 속해 있는 여러 섬들의 언어를 살펴보려면 여러 섬을 몇 개의 하위 그룹으로 묶을 필요가 있다. 첫째 그룹은 강화도와 인근의 섬들이다. 이들은 지리적으로나 역사적으로 다른 지역과 차별성을 가지고 있다. 둘째 그룹은 인천 연해의 섬들이다. 이 섬들은 본래의 인천, 또는 다른 육지와 가까이 있어서 인천의 말과 유사성이 많다. 셋째 그룹은 인천 원해의 섬으로서 서해5도가 여기에 속한다. 이 지역은 본래 황해도에 속해 있었던 지역이고 거리도 매우 멀어서 다른 지역과는 차별성이 있다. 따라서 세 지역의 언어 특징을 대략적으로 살펴본다.

지역적 특징 외에도 언어적 특징만을 별도로 살펴볼 필요가 있다. 앞에서도 언급했듯이 섬의 언어는 고립, 도약의 특성이 있다. 이러한 특이성과 함께 인근 지역과의 교류도 함께 살펴보아야 섬 지역의 언어 특성을 제대로 파악할 수 있다. 따라서 교류, 고립, 도약의 속성이 나타나는 언어적 특성도 함께 살펴본다.

4. 인천 섬 사람들의 말

1) 강화의 말

강화도와 교동도

일반적인 방언구획을 따른다면 강화의 말은 중부 방언 중의 경기 방언에 속한다고 잠정적으로 볼 수 있다. 강화 토박이말을 조사해 보면 이러한 잠정적 구분과 대체로 일치함을 알 수 있다. 즉, 강화 토박이말은 중부 방언, 그리고 그 하위방언인 경기 방언의 일반적 특징을 잘 보여준다. 세부적으로 발음, 문법, 어휘 등을 조사해 보아도 경기 방언의 그것과 대체로 일치한다. 특히 인천을 비롯한 경기 서해안의 언어적 특징과 강화 토박이말의 언어적 특징은 대체로 일치하기 때문에 강화 토박이말을 경기 방언의 한 하위방언으로 보는 것은 아무런 문제가 없다.

그런데 강화 전체가 동질적인 언어 특성을 보이고 있다고 보기는 어렵다. 방언과 행정구역은 대개 일치하기 때문에 방언에 대한 연구는 주로 군 단위로 이루어지며 군 단위에서 하위분류가 이루어지기도 한다. 강화는 강화도 및 인접한 몇 개의 섬으로 이루어져 있는데 지리적 특성상 하위분화가 분명하게 이루어질 가능성이 높다. 즉, 강화도 본도와 인접한 다른 섬 간에 언어적 차이가 나타날 수 있는 것이다. 최근에 와서 관광지를 중심으로 외지인의 유입이 많아 언어적 변화가 나타나긴 했지만 강화도 본도는 하나의 방언권을 이루고 있는 것으로 보인다.

그런데 인접한 섬 주민들은 강화도 본도와의 공통점도 인식을 하고 있지만 그 차이점에 대해서도 분명히 알고 있다. 이러한 차이에 대한 인식과 증언은 강화도의 역사 및 지리적 위치와 관련이 깊다. 특히 교동은 인접한 황해도 연백과 교류가 매우 많다. 반면에 강화도 본도는 교동을 통해서만 황해도와 교류를 할 수 있다. 이러한 이유로 교동에 유입된 황해도 방언의 특성이 강화도 본도까지는 미치지 않을 수 있다. 더욱이 강화도 본도와 교동은 거리상으로 멀지 않을지라도 바다를 사이에 두고 있기 때문에 황해도에서 유입된 언어적 특징이 강화도 본도까지 영향을 미치기는 어렵다.

이러한 점을 종합하면 강화는 방언구획상 매우 의미가 있다. 강화 토박이말은 전반적으로 중부 방언, 더 좁게는 경기 방언과 대체적으로 유사하기 때문에 경기 방언의 일부로 볼 수 있다. 그러나 강화에 속한 섬, 특히 교동은 다른 특성을 보이고 있다. 교동이 강화군의 일부이기 때문에 강화 토박이말 특성을 공유하고 있지만 바다를 사이에 두고 황해도와 인접해 있기 때문에 황해도 방언의 영향을 받아 교동만의 독특한 언어적 면모를 보이고 있다. 강화 토박이말이 보여주는 이러한 면모는 방언학적으로 매우 의미가 있는 특징이라 할 수 있다.

2) 인천 연안도서의 말

인천 연안도서에는 많은 섬이 있는데 대부분 위도상으로는 인천을 포함한 경기도와 일치한다. 이러한 이유로 인천 연안도서의 말은 중부방언, 더 작게는 경기방언과 일반적인 특징을 공유하고 있을 것으로 예측할 수 있다. 인천 연안도서 중에서는 비교적 규모가 큰 섬으로는 영흥도, 덕적도, 영종도 정도를 꼽을 수가 있다. 대부도와 제부도도 인천 연안의 큰 섬이지만 이미 육지화가 되었고 행정구역상으로도

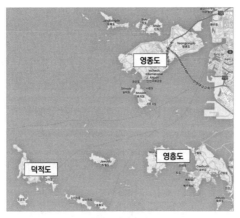

인천 연안도서

경기도에 속해 있다. 따라서 인천 연안도서의 말은 영흥도, 덕적도, 영종도를 중심으로 살펴볼 필요가 있다. 이 세 섬은 인천을 가까운 바다에서 둘러싸고 있을 뿐만 아니라 섬의 크기와 거주 인구를 보더라도 조사 대상지역으로 삼기에 적절하다.

영흥도는 행정구역상으로는 인천광역시 옹진군에 속해 있다. 인천에서 남서쪽으로 29.6㎞ 떨어진 곳에 위치한 영흥도는 영흥도의 주도主島로서 동쪽에 선재도와 대부도, 북쪽에 무의도, 서쪽에 자월도가 있다. 2000년에 선재대교가 개통되어 선재도가 대부도와 연결되었고, 2001년 선재도와 영흥도를 잇는 영흥대교가 개통되어 영흥도는 육지와 바로 연결되었다. 영흥도는 비교적 육지와 가깝고 주민 대부분이 농업에 종사하고 있기 때문에 섬 지역의 언어적 특성이 비교적 덜 나타난다. 그리고 인천이 아닌 경기도 지역과 인접해 있고, 충청도와도 가깝기 때문에 인접한 경기도와 충청도 지역의 언어적 특성이 나타나기도 한다.

덕적도는 행정구역상으로 인천광역시 옹진군에 속한 섬이다. 덕적군도에서 가장 큰 섬으로 인천에서 남서쪽으로 77km 해상에 위치하고 있다. 덕적도는 서해 뱃길의 요충지였으며 파시波市로도 유명했다. 이 때문에 충청도와 전라도 등의 외지인들도 이 섬에 정착해 사는 경우도 많았다. 한국전쟁 중에는 황해도 사람들이 대거 이곳으로 내려와 정착을 하여 조기잡이 어업에 종사하였다. 60년대까지 절정기를 이루던 조기잡이가 어려워지자 많은 이들이 덕적도를 떠났지만 지금도 황해도 출신의 주민이 꽤 남아 있다. 50분이면 쾌속선으로 육지와 연결될 수 있지만 아직도 섬 고유의 특성을 잘 유지하고 있다. 덕적도는 육지에서 꽤 멀리 떨어져 있을 뿐만 아니라 어업을 주로 하는 섬이기 때문에 섬 지역의 고유한 언어적 특성도 잘 나타난다. 더욱이 서해 어업의 전진기지이자 한국전쟁 이후 황해도 지역의 어민이 대거 정착한 지역이기 때문에 황해도 말의 영향도 많이 나타난다. 또한 토박이들 중에도 본래 경기도 출신과 충청도 출신들이 많아 경기 방언 및 충청 방언의 영향도 관찰할 수 있다.

　영종도는 행정구역상으로 인천광역시 중구에 속한 섬이다. 인천국제공항 건설로 인해 매립이 진행되어 면적은 60㎢ 이상으로 늘었으며 인구도 급격히 증가하였다. 서쪽과 서남쪽으로 신도, 시도, 삼목도, 용유도, 무의도와 마주하며, 삼목도 및 용유도와는 연륙도로로 이어져 있다. 2001년 3월 29일 인천국제공항이 개항되어 영종도와 수도권을 연결하는 공항전용 고속도로가 뚫렸다. 또한 2009년에 인천대교가 개통되어 인천시와도 직접 연결되었다. 공항 개항과 전용고속도로, 인천대교의 개통 등으로 영종도는 섬으로서의 특성이 많이 사라지고 있다. 공항 개항 이후 영종도는 급격한 변화를 겪었기 때문에 언어적으로도 변화가 나타나고 있다. 공항 개항 이전에는 농업과 어업을 주로 하는 지역이었고, 전통적인 마을도 잘 유지가 되었으나, 개항 이후에는 외부인이 많이 유입되었고, 서비스업도 급격히 늘어났다. 이러한 이유로 이 지역의 토박이를 찾기가 점점 어려워지고, 언어적으로 고유한 특성이 점차 사라지고 있다.

3) 인천 원해도서의 말

인천 원해도서는 백령도, 대청도, 소청도, 연평도, 우도의 서해 5도로 대표된다. 이 지역은 본래 황해도에 속했던 지역인데 한국전쟁 이후 남한 땅으로 편입되어 오늘에 이르고 있다. 백령도와 대청도, 소청도는 황해도 장연군에 속해 있다가 해방 이후 옹진군에 편입되어 오늘에 이르고 있다. 연평도는 황해도 벽성군에 속해 있다가 해방 이후 옹진군에 편입되었다. 이러한 사실에서 알 수 있듯이 이 섬들은 본래 황해도 지역의 섬이었고 위치적으로도 황해도와 가까워 황해 방언이 나타날 가능성이 높다. 그리고 단편적으로 보고되는 사실들도 이러한 추측을 뒷받침한다.

그러나 이 지역의 말에 대한 본격적인 조사는 현재까지

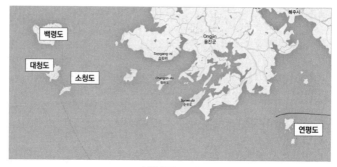

인천원해 도서

이루어지지 못했다. 지리적 위치, 실제 거리, 시간 거리 등 모든 외적인 조건들이 외지인들의 접근을 쉽사리 용납하지 않기 때문에 본격적인 조사가 시도되지 못했다. 그러나 이 지역에 남아 있는 황해도 방언의 특성과 한국전쟁 이후에 일어난 변화에 대한 연구는 반드시 필요한 상황이다. 정치적 상황이 호전되고 뱃길도 더 짧아져서 본격적인 조사가 이루어져야 이 지역 언어의 진면목이 드러날 수 있을 것이다.

5. 흥미로운 인천 섬 사람들의 말

1) '송두리'의 존재: 고립

국어사전을 보면 '송두리'는 '있는 것의 전부' 또는 '송두리째'란 말을 이루는 일부분으로만 풀이되어 있다. 그러나 '있는 것의 전부'란 뜻풀이는 '송두리째'란 말의 의미에 기대어 풀이한 것으로 보인다. 또한 이 뜻풀이에 따르면 '송두리째'는 '있는 것의 전부째'란 이상한 말이 된다. '송두리째'에서 '-째'는 '전부'를 뜻하는 접미사이니 '송두리'란 단어가 있었을 것이란 추론이 가능하고 그 의미는 무엇인가를 담는 도구일 것이라는 추측이 가능하다. 그러나 현재의 말

어디에도 '송두리'가 무엇인지를 알 수 있는 단서가 없다.

그런데 강화도의 조사에서 '바구니'란 항목을 묻는 질문에 제보자는 주저 없이 '송두리'란 답을 내어 놓았다. 뜻을 물으니 대나무나 싸리로 짜서 무엇인가를 담을 수 있는 도구로 대답을 하였다. '송두리째'의 '송두리'가 무엇을 지칭하는 것인지를 풀 수 있는 열쇠를 비로소 강화도의 말에서 찾게 된 것이다. 갯벌에서 게나 조개를 잡아서 담아 놓는 도구도 역시 송두리란 말을 쓴다는 말에 따르면 '게도 구럭도 다 잃는다.'란 속담과도 바로 연결할 수 있다. 문헌이나 사전, 그리고 다른 방언에서는 흔적이 남아 있지 않은 '송두리'란 말의 뜻을 비로소 파악할 수 있게 된 것이다.

강화에만 남아 있는 '송두리'란 말은 섬 지역 말의 고립적 특성을 잘 보여준다. 이 말이 강화에서만 쓰이던 말이었는지 여러 지역에서 쓰이다가 강화의 말에서만 남게 되었는지는 확실하게 알 수는 없다. 만약 이 말이 강화에서만 쓰이는 말이었다면 '송두리째'란 표현은 강화 지역에서 만들어져서 다른 지역으로 퍼져나간 말이 된다. 반대로 여러 지역에서 쓰이던 말이었지만 '송두리째'만 남기고 '송두리'가 사라진 것이 강화에서만 남아 있는 것이라면 왜 이 지역에서만 이 말이 남게 되었는지를 설명해야 한다. 이런 이유로 앞의 추론이 더 타당성이 높아 보인다. 그러나 어느 쪽이든 섬 지역 말의 고립적인 특징을 보여주는 사례라 할 수 있다.

2) '궝이'의 월경 – 교류

"정말 모르갓어? 그 눔들이 왜 걸핏하면 오느서 저러는지? 궝이 때문이지, 그러니까 게 말이야, 게."

교동 지역을 조사할 무렵 서해에서 일어난 남북의 충돌이 한참 문제가 되었었다. 그때 교동의 제보자는 남북의 충돌 이유를 꽃게 때문이라고 설명하였다. 그런데 교동 제보자의 말투와 사용하는 단어가 매우 특이하다. '궝이'는 평안도 방언에서 흔히 나타난다. 경기 이남에서는 '게, 궤, 그이, 기' 등으로 나타나는데 교동의 제보자가 '궝이'를 쓰고 있는 것이다. '모르겠어'가 아닌 '모르갓어'는 더 특이하다. '-겠-'이 '-갓-'으로 나타나는 것은 평안도 방언의 전형적인 특징이다. 받침이 'ㅆ'이 아닌 'ㅅ'이기 때문에 [모르게써]가 아닌 [모르게서]로 발음된다. 교동 토박이가 평안도 말에서 나타나는 특징을 보이고 있는 것이다.

교동에 나타나는 이러한 사례는 섬 지역의 언어 교류 양상을 잘 보여준다. 육지와는 별도로 뱃길을 따라서 어떻게 교류를 하느냐에 따라 언어적 영향관계가 달리 나타나는 것이다. 교동 지역은 강화 본도나 경기 지역보다 황해도 연백 지역과 훨씬 더 긴밀한 관계를 맺고 있다. 따라서 평안도 말의 특징이 황해도 연백을 거쳐서 이 지역에까지 나타나고 있는 것이다. 이러한 특징은 '곱새'나 '바당' 등에서도 나타난다. '기와'를 '곱새'라 하고 '바닥'을 '바당'이라고 하는 것도 평안도 방언의 특징인데 강화 지역에서 이러한 어형이 확인된다. '오느서' 또한 육지의 길을 통한 언어의 교류가 아닌 바다를 통한 언어 교류의 양상을 보여준다.

3) '쩡애'의 돌출: 도약

'허수아비'는 꽤나 많은 방언형이 나타난다. 그 중에서 '정이, 중애, 증애' 등은 북부 방언에서만 나타나고 남부에서는 거의 나타나지 않는데 그런데 영흥도에서는 '쩡애'가 나타난다. '쩡애'의 '쩡' '정'의 된소리이니 '쩡애'는 '정이, 중애, 증애'와 같은 계열임을 알 수 있다. 북부 방언에서만 나타나는 어형이 한참 아래의 영흥도에서 나타나는 것은 의아스러운 일이다. 이는 '꿩이'의 예에서 확인할 수 있는 교류와는 조금 다르다. 교동도는 황해도와 맞닿아 있고, 황해도의 연백과 긴밀한 관련을 맺고 있기 때문에 빈번한 교류를 통해 언어적으로도 영향을 받을 수 있다. 그러나 영흥도는 북부 지역과 직접적으로 맞닿아 있지 않기 때문에 일반적인 교류의 양상이 나타난다고 볼 수 없다.

교동에서 나타난 '오느서' 또한 매우 특이하다. '와서'라고 해야 할 것을 '오느서'라고 하는 것은 충남 서해안의 바닷가 특히 태안, 서산, 당진 등지에서 확인된다. 그리고 그 이북 지역에서는 잘 확인되지 않는다. 그런데 멀리 떨어진 교동의 제보자가 이 말을 쓰고 있는 것이다. 육지에서라면 이러한 특징은 잘 발견되지 않는다. 간혹 인구밀도가 낮은 지역에 도로나 철도 거점을 따라 특정 어형이 띄엄띄엄 전파되는 사례가 있지만 우리나라에서는 잘 나타나지 않는다.

결국 영흥도에서 발견되는 '쩡애'나 '오느서'는 도약의 결과로 해석할 수 있다. 북부 지역 출신이 영흥도까지 흘러들어와 정착을 했을 수도 있다. 그리고 영흥도 토박이가 그 말을 듣고 배운 것일 수도 있다. 혹은 영흥도 토박이가 뱃길을 따라 북부 지역을 방문해서 이 말을 배운 것이 지금까지 이어진 것일 수도 있다. 충남 해안 지역 출신이 교동에 정착한 것일 수도 있고, 교동 사람이 뱃길로 충남 해안을 방문했다가 이 말을 배운 것일 수도 있다. 어느 경로를 통해서 이 말이 나타난 것인지 분명하지는 않지만 지역을 뛰어넘어 전파된 결과임은 확실하다.

4) '-시꺄'의 소멸: 혼합

강화도 말의 특징으로 항상 언급되는 것이 '-시겨'와 '-시꺄'이다. 어형도 특이할 뿐만 아니라 발음까지도 강해서 강화도 말의 전형적인 특징으로 부각되는 것이다. 강화를 제외한 경기도의 다른 지역에서는 이러한 말을 쓰지 않기 때문에 더더욱 특징적인 현상으로 보이기도 한다. 강화도에서 이러한 어형이 나타나는 것은 일반적인 교류의 현상이다. 이러한 어형은 황해도 방언에 나타나는 것인데 황해도에 인접한 강화에서만 이러한 현상이 나타난다면 그것은 교류에 의한 것임은 말할 것도 없다.

그러나 최근의 조사에서는 '-시겨'와 '-시꺄'를 확인하기가 쉽지 않다. 특히 질문을 통해서 이러한 어형을 확인하기가 어렵다. 이러한 어형을 쓰지 않느냐고 물어도 강화 토박이마저 절대로 쓰지 않는다고 손사래를 치기 일쑤이다. 그러나 나이가 많은 토박이들끼리의 대화에서는 간간히 이러한 어형을 확인할 수 있다. 예전에는 썼지만 젊은 세대들은 이 어형을 쓰지 않게 됨으로써 점점 자취를 감춰가고 있는 것이다.

강화도에서만 확인되었던 독특한 어형의 소멸은 섬마저도 여러 언어가 섞이는 현상의 예외가 아님을 보여준다. 물길로만 서로 소통할 수 있었던 시기에는 언어의 혼합이 그리 활발하지는 않았다. 그러나 물길 이외의 여러 길이 개척이 되면서 섬은 더 이상 고립된 공간이 아니다. 더욱이 물과 뭍을 가리지 않는 전파는 자유롭게 퍼져나가면서 어디로든 표준어를 실어 나르고 있다. 그 결과 섬의 말은 다른 지역의 말과 섞이면서 오늘에 이르고 있는 것이다.

6. 맺는 말

오늘날의 섬은 예전의 섬과는 많이 달라졌다. 아예 다리가 놓여 더 이상 섬이라고 할 수 없는 섬도 있고, 물길도 훨씬 빨라져 육지와 별반 차이가 없는 곳도 있다. 이러한 변화는 언어에도 영향을 미친다. 과거에는 섬 특유의 독특한 언어가 있었지만 그러한 언어는 점차 사라지고 있다. 언어를 둘러싼 상황이 변함에 따라 언어도 바뀌어 가는 것은 필연적인 현상이다.

많은 사람들이 방언이 사라지고 있다는 우려의 목소리를 내고 있다. 그러나 이는 방언에 대한 오해에서 비롯된 말이다. 방언은 '옛날 말', 혹은 '표준어와 다른 말'을 뜻하는 것이 아니다. 각 지역마다, 각 사회 계층마다, 그리고 개인마다 다르게 쓰는 모든 말이 방언이다. 세월이 흐를수록 다른 말과 섞이고, 표준어의 영향을 받게 되더라도 그 말 자체가 결국 방언이 된다. 방언이 변해가는 것일 뿐 사라지는 것은 아니다.

섬의 언어도 마찬가지다. 섬의 언어가 변하는 것일 뿐 섬의 언어가 사라지는 것은 결코 아니다. 섬에서만 나타나던 독특한 언어가 사라질지라도 과거에 쓰던 말의 바탕 위에 새로운 말들이 덧씌워지면서 섬의 언어를 이루어가고 있을 뿐이다. 그렇기 때문에 앞으로도 섬의 언어는 섬의 언어로 남을 것이고, 인천의 수많은 섬에서도 여전히 섬의 언어가 쓰일 것이다.

더 읽어볼 책들

• 한성우, 『강화 토박이말 연구』, 인천대학교 인천학연구원, 2011.

이 책은 강화 토박이말에 대한 정밀한 조사를 바탕으로 강화 토박이말의 음운, 어휘, 문법상의 특징을 밝힌 연구서이다. 강화는 지리적, 역사적으로 매우 중요 위치를 차지하고 있기에 언어적으로도 매우 중요한 가치를 지니고 있다. 이 책은 강화 토박이말에 대한 체계적인 조사와 연구를 통하여 강화 토박이말의 특징을 밝히고 있다.

• 한성우, 『인천 연안도서 토박이말 연구』, 인천대학교 인천학연구원, 2014.

인천 연안의 주요 섬인 영종도, 덕적도, 영흥도의 토박이말에 대한 정밀한 조사를 바탕으로 이 지역 토박이말의 여러 특징을 종합적으로 밝힌 연구서이다. 이 책에서 저자는 인천 연안의 여러 섬 지역 말의 언어적 특징을 음운, 어휘, 문법 세 영역으로 나누어 밝히고 있다.

시詩에 그려진 인천의
바다와 섬

조우성

한양대학교 국어국문학과를 졸업하였다. 인천일보 문화부 부장, 편집부 국장, 주필 등을
거친 후, 현재는 인천광역시립박물관 관장으로 재직하면서 인천시사편찬위원으로 활동
중이다. 인천을 대표하는 향토사학가이자 시인이다. 제1회 인천언론대상과 제17회 인천시문
화상을 수상하였으며, 저서로는 『인천이야기 100장면』, 『20세기 인천 생활 문화사 연표』
등이 있다.

시詩에 그려진 인천의 바다와 섬

　먼 옛날 선사시대의 인천 해안가는 지금보다 훨씬 아래쪽에 위치해 있었을 것으로 고고학자들은 추정하고 있다. 그동안 출토되었던 유물이나 유적들을 통해 유추한 것인데, 그때 이미 원 인천인들이 바닷가에서 어패류를 잡아 생활해 왔던 것 또한 사실로 보인다.

　그렇듯 인천의 역사와 생활은 바다와 섬과 더불어 이루어져 왔으나 그것을 문자로써 혹은 문학으로써 기록한 일은 드물다. 한문학이 번성하던 고려와 조선 시대에 접어들어 몇몇 학자나 문인들이 이 지역의 바다와 섬을 노래한 시문들을 남기기는 하였다.

　그러나 그 또한 이 땅에 살던 인천 백성들의 보편적인 삶과는 거리가 있는 사대부들의 상념이거나 음풍하고 농월

하며 유유자적했던 파적거리 수준에서 크게 벗어나 있지
못했다고 여겨진다.

그런 면에서 그 예를 일일이 드는 것조차 수고로운 일이
될 것이다. 그러나 조선 시대 이규상李奎象(1727~1799)이 그
의 아버지 이사질李思質이 인천부사로 있었던 시기(1765년)
에 지은 시편들에는 눈길이 간다.

그는 "지방의 현실과 지방민의 삶, 여성과 남성의 복식,
상인들의 분주함, 갯벌의 어로작업, 염전의 모습, 용유도 풍
경, 무속의 현장, 손돌의 무덤, 관아의 풍류, 지방의 역사와
유적, 지방민에 대한 애정 등 〈인주요〉 9편과 〈속인주요〉
9편 도합 18편을 남겼다."[1]

인주 풍속은 궁벽한 시골과 유사해	仁州風俗似窮鄕
청운과 옥당을 알지 못하네	不識青雲有玉堂
여자들은 초랑을 머리에 이고 남자들은	女戴草囊男氈笠
전립을 쓰고	
해 뜨면 바삐 조개와 물고기 잡으러 가네	日生忙出蛤魚場
	―〈인주요〉 1연

---

1) 이영태의 한시로 읽는 인천 옛 모습. '이규상(李奎象)의 인천 죽지사(竹枝詞)'(인
천일보).

이 시에서 작자는 인천을 '궁벽한 시골'로 '청운'과 '옥당'을 모른다고 했다. 입신출세하려는 '청운靑雲'의 꿈을 접고 사는 지역이자, '옥당玉堂' 즉, 관직을 모르는 한적한 곳으로 저마다 살 길이 바빠 조개와 물고기를 잡아 연명하며 살아간다는 내용이다.

이규상의 '어가漁家'라는 시문에도 인천의 풍물이 소개되고 있다. 물고기를 잡는 남정네들의 모습을 다음과 같이 형상화하였다.

발 엮어 말장에 늘어놓아 횡행의 바다 끊으니	編箔排椽截海橫
겹겹이 어살 안에는 내중성이 되었네	重重圈作內中城
바닷물 오고 간 잠깐 사이에	潮來潮去須臾後
소라, 게, 물고기, 새우가 모두 가득하네	螺蟹魚蝦戢戢盈
	—〈인주요〉 3연

숭어 잡아보니 한 자나 돼	拿得鯔魚一尺全
별안간 손을 날려 머리 찾아 매다네	瞥然飜手索頭懸
빠르게 별포를 따라 잠긴 몸 드러나니	忙從別浦潛身出
혹시 어살[魚箭] 주인이 볼까 두려워하네	或恐看於箭主前
	—〈인주요〉 4연2)

〈그림 1〉 조선시대 어전(漁箭)의 모습

이 시에서는 '어살', '어량魚梁', '어전漁箭' 등 당시 백성들의 어로 생활상이 소재가 되고 있다. "바닷물이 잠간 오고 간 사이"에서는 아득한 옛날부터 있어 왔을 인천 앞바다의 간만의 차를 엿볼 수 있고, "소라, 게, 물고기, 새우 가득하네."라는 구절에서는 인천에서 나는 해산물이 예나 지금이나 별반 다를 게 없음을 알게 해 준다.

또 "숭어를 잡아보니 한 자나 돼"라는 구절에서는 어물이

---

2) 이영태의 한시로 읽는 인천 옛 모습. '이규상(李奎象)의 어가(漁家)'(인천익부)

그런 대로 풍성했던 상황을 연상케 한다. 그러면서도 작자는 "물에 잠겼던 몸이 드러나게 돼 어살의 주인이 볼까 두렵다."며 어살 안에 갇혀 퍼덕이는 물고기의 처지가 되어 상념해 본다. 비록 바닷가에 나가 어살로써 해산물을 잡아 하루하루를 연명해 가는 삶이기는 하지만, 문득 생명에 대한 외경(畏敬)을 느꼈던 것은 아니었을까?

이규상의 시를 다시 꼽지 않을 수 없게 하는 작품이 그의 시 '鹽廚(염주)' 곧 '소금 부엌'이다.

벌집과 제비집인 양 소금 부엌 늘어 있고	蜂窠燕壘闢鹽廚
소금 솥의 소금은 흰 눈처럼 퍼져 있네	鹽釜鹽成白雪鋪
물가에 기댄 인생 그대는 비웃지 마소	寄水生涯君莫笑
모든 백성들이 일반 구해 먹는 것이라네	五行民食一般需

—〈인주요〉 8연

'소금 부엌'이란 천일염을 도입하기 이전, 자염煮鹽 생산 시절 바닷물을 가마솥에 넣고 끓였던 곳일 텐데, 그 현장인 벌막[製鹽場]이 벌집과 제비집인 양 여기저기 있었다는 것은 인천 지역의 소금 생산이 왕성했음을 말해 준다고 하겠다.
"소금 솥의 소금은 흰 눈처럼 퍼져 있네"란 구절은 어느 벌막에서나 볼 수 있는 일상적인 모습이나 '소금'을 '눈'에 비유한 것은 상투적이어서 별다른 감흥을 일구어내지 못하고 있다. 하지만 그 다음 구절에서 우리는 시의 압권이랄 수 있는 표현과 맞닥뜨린다.

"물가에 기댄 인생 그대는 비웃지 마소/모든 백성들이 일반 구해 먹는 것이라네."에는 조선 시대, 소금이나 구워 먹던 염부가 아니라 한 사람의 노동자로서의 당당한 목소리가 담겨져 있는 것이다.

'물가에 기댄 인생'은 그 시절 사농공상士農工商 축에도 들지 못해 이리 치이고, 저리 치였던 천한 신분의 어부를 일컫겠지만, 서정적 자아는 "비웃지 말라"고 말한다. 모든 백성이 내가 생산하는 '소금'을 먹고 산다며 자신의 노동의 가치를 말하고 있다는 것은 놀라운 일이다.

인천 죽수리竹藪里 소암촌疏巖村에서 태어난 병와甁窩 이형상李衡祥(1653~1733)의 시편들은 섬 지역인 영종도 백성들의 절절한 생활상이 그대로 다가온다. 그가 영종도에 머물며 읊었다는 시에 영종·용유도에서 자생하는 '용유순龍流蓴'이란 식물을 소재한 것이 있다.[3]

---

3) 이영태의 한시로 읽는 인천 옛 모습. '이형상의 시'(인천일보).

용유순의 맛이 세상에서 가장 뛰어나니 龍流蓴味最人實

젊은 날 맛보았더니 환약보다 낫네 少日親嘗勝丸還

올해는 굶주린 백성들이 모두 캐어 갔으니 今歲飢民儘採盡

궁벽한 섬사람들 생계의 어려움을 구제하는구나 却知窮島濟生艱

'용유순'이란 식물의 맛이 '세상에서 가장 뛰어나니'라고 한 것은 영종도 백성들의 기아 상태가 매우 심각한 수준이었음을 말해 준다고 보겠다. '젊은 날 맛보았더니 환약보다 낫네'라는 것은 곧 그 맛이 쓰디쓴 약에 불과한 것인데, 굶주림으로 백성들이 배고픔을 견디다 못해 그마저 모두 캐어 갔다는 것이다.

병와는 백성의 굶주림을 외면하지 못했는데, 반면에 영종도 해변의 풍광을 빗대어 '사람으로서 살아가야 할 자세'를 넌지시 노래하기도 하였다. 먼 바다에나 사는 큰 수염고래들이 종종 영종도 해변에까지 밀려와 죽었던 모양이다.

큰 수염의 고래가 조류를 타고 바닷가에 이르러 죽었나니

巨鬐乘潮斃海濱

먹을 것만 탐하고 자신은 돌보지 않은 까닭이네 只緣謀食不謀身

분주히 바쁜 세상의 도리도 모두 이와 같으니 奔忙世道皆如此

탐하고 음란한 우리 인간들에게 경계를 드리우네 却把貪淫更戒人

수염고래를 시의 소재로 삼았다는 점도 특이하거니와 영종도 바닷가에 덩치가 어마어마한 수염고래들이 죽어 밀려온 광경도 연상케 한다. 그러면서 문득 고래가 죽게 원인을 '먹을 것만 탐하고 자신은 돌보지 않은 까닭'이라고 진술한다. 고래의 죽음을 통해 세상을 경계한 것이다. '세상의 도리도 모두 이와 같다'는 것은 '안분지족'을 모르면 결국 화를 당한다는 그 시절의 보편적인 처세관을 말하고 있는 것이다.

앞서 인용한 몇몇 작품들에 비하면, 근대 이후 인천의 바다와 섬을 소재로 한 시편들은 소재의 선택, 주제의 소화, 인천적 삶의 형상화 등에서 선대들에 비해 시적으로 육화되어 있지 않은 것으로 보인다. 개항기 시에도 그 같은 사정은 비슷해 보인다.

> 괘심ᄒ다 西洋 되놈
>
> 無君無父 天主學 네 나라나 할 것이지
>
> 단군 기자 東方國의 忠孝倫理 받앗ᄂ듸
>
> 어이감히 여어보자 興兵加海 나왔다가
>
> 防水城 불에 타고 鼎足山城 총에 죽고
>
> 나문목심 도생하자 밧삐밧삐 도망ᄒ다

〈그림 2〉 병인양요 때 강화읍을 점령한 프랑스 군

—신재효, 「괘심한 서양 되놈」

  동리桐里 신재효의 단가이다. 전국의 판소리 명창들을 후원하고, 자신은 판소리 연구에 정진하였던 그가 남긴 단가인데, 판소리에서 보여주었던 사실성과 해학성이 여기에서는 상투성을 벗어나지 못하고 있다.

  '서양 되놈'은 1866년 강화도를 침범해 외규장각 도서를 약탈하고 살육·방화를 저지른 프랑스 군을 말한다. 병인양요 당시 프랑스 군은 정족산성에서 패하여 물러났는데, 그 직후 백성들의 반외세적 정서를 나타낸 것이다. 그러나 이

단가는 동리의 '민족주의적 정서'가 어느 수준이었는가를 엿보게 한다.

서양인을 '청국 되놈'과 같은 반열에 놓은 것은 진퇴양난에 빠진 조선의 정세를 반영한 것일 수 있으나, '천주학'을 '무군무부無君無父'하다고 몰아치는 배면에는 군사부일체의 유교적 가치관이 버티고 있음을 알게 한다. 더구나 '단군 기자 동방국의 충효 윤리'를 계승했다는 자부심 역시 시대착오적 윤리관이라 아니할 수 없다.

당시 조선은 국제 정세와는 아랑곳없이 쇄국의 성벽 위에 '군주의 깃발'을 높이 쳐든 형색인데, 정족산성에서의 승리가 그를 더욱 부추겼다. 전국에는 척화비가 곳곳에 세워지고 바로 동리 신재효의 이 단가는 신재효 측 가객들에 의해 불렸다는 것이니 시대와 예술의 함수관계를 다시한번 되돌아보게 하는 작품이기도 하다.

가객들은 '서양 되놈'들이 '남아 있는 목숨 건지자 바삐바삐 도망을 한다'고 쾌재를 불렀지만, 얼마를 못가 '일본 되놈'들에게 나라를 송두리째 빼앗기는 운명을 맞고 말았던 것이 우리의 근대사였다. 희한한 것은 이 단가의 시대착오적인 윤리관, 정세관에도 불구하고 개항 전기에 '서양 되놈' 을 물리친 것을 자긍하는 반외세적, 민족주의적 노래라며 몇몇 평가들이 높이 받들어 모시고 있다는 점이다. '삼강오

륜 충효 윤리'에 못 박힌 전근대적 사고에서 벗어나지 못한 배경도 눈여겨보아야겠다.

그에 비하면 작자를 모르는 '인천 아리랑'이 개항장 인천의 정서를 잘 드러낸 '노래'라 하겠다. 개항은 싫던 좋던 우리에게 근대 문물을 경험하게 하였고, 조선이 근대자본주의의 변방에 편입하게 되는 계기가 되었던 것이 사실이다.

개항 직후부터 인천 제물포항에는 신문물이 밀려들었고, 일자리가 늘어남에 따라 전국 팔도에서 사람들이 밀려들었다. 전 인구의 9할이 농사에 종사하였지만 호구지책이 난망했던 시절, 인천에서만은 듣도 보도 못한 직종이 하루가 멀게 생겨났던 것이다.

그때부터 '인천 러쉬'가 시작되었다. 그러나 삶은 어디서나 곤고로운 것. 너도 나도 새로운 신문물의 도시 인천항을 찾아 왔지만, 삶이 호락호락하지는 않았을 터이다. 그런 상황 속에서 나온 것이 우리 전통의 가락인 '아리랑'으로 불려지게 된 것이 아닐까 싶다.

인천 제물포 모두 살기 좋아도
왜인(倭人) 위세에 난 못 살겠네 흥
에구 대구 흥 단 둘이만 사자나
에구 대구 흥 성하로다 흥

아리랑 아라랑 아라리오 아라랑 알션 아라리아

산도 싫고 물도 싫고

누굴 바라고 여기 왔나

아리랑 아라랑 아라리오 아라랑 알션 아라리라4)

—무명氏(無名氏), 「인천 아리랑」

여기서 특히 주목할 대목은 "인천 제물포 모두 살기 좋아
도"란 구절이다. 그럴밖에 없는 게 물화가 풍부하고, 이런
저런 직업이 다 있는 인천이었기 때문이다. 또 지방마다 고
질병처럼 앓아 왔던 토착병인 '지방색地方色'이 인천에서만
은 없었기에 마음 편히 살기 좋은 곳으로 인식했을 터이다.

인구의 8할이 다 제 삶을 새로 가꾸기 위하여 전국 각처
에서 이주해 온 '개척자'들의 땅이니, 그들이 지닌 진취성,
개방성이 지방색을 초월해 오늘의 인천을 형성하는 데 크
게 작용해 왔던 것은 두루 아는 바와 같다.

그러나 일자리가 무한정 있을 수는 없어 생존경쟁이 가
속화되고, 설상가상 일본인들의 착취도 날이 갈수록 간교
하고 심화돼 가던 시절, 그 같은 애환을 반영해 '인천 아리
랑'을 불렀으리라.

---

4) 허경진 교수(연세대)가 미 하버드 대 옌칭 도서관에서 찾아내 『황해문화』에 소개
했다.

작자는 미상이다. 일본인들의 위세가 당시 얼마나 등등 했으면 이렇게 노래했겠는가 지레 잠작하게 한다. 비평적 잣대를 들이대기보다는 낯설고, 물 설은 타관에 나와 사는 이들의 정서가 소박하게 드러나 있음을 눈여겨보면 족하리라고 본다. 채록 연대가 1894년으로 돼 있는 것을 보면 그 배경이 선대들이 '칠통마당'이라 불렀던 곳임을 유추할 수 있다.

후에 선창이라 불리던 이곳은 역사 속으로 사라지고, 고 깃배들도 선수를 새 매립지에 조성한 연안부두로 돌려야 했지만, 이곳은 계속 '금단의 지역'으로 남게 되었다. 인천 사람들은 항구도시에 살면서도 바다를 그리워할 수밖에 없는 삭막함 속에서 살아왔으니 '인천아리랑'이 더욱 느껍게 들릴 것만 같다.

'괘심하다 서양 되놈'과 '인천 아리랑' 이후, 인천의 섬과 바다를 소재로 한 시들은 오히려 현실감이 없는 감상에 빠져 허우적거리고 있었다고 보인다. 인천사람들의 삶은 사라져 버리고, 세기말적인 센티멘털리즘으로 인천이 포장돼 소개된다.

놀 저물 때마다 멀어지네 내 집은
한 달애 보름은 바다에서 사는 몸이라

엄마야 아빠야 그리워지네

진주야 산호를 한 바구니 캐서
이고서 올 날은 언제이던가
고은 천 세 발에 나룻배 끌 날 언제던가

보면 볼수록 멀어지는 네 집은
엄마야 아빠야 큰애기라 부르지 마소
목이 메어 배따라기조차 안 나오우[5]

—김동환, 「월미도 해녀요」

파인巴人 김동환金東煥이 인천을 소재로 한 시를 썼다는 사실이 알려진 것은 1927년 인천에서 극작가 진우촌秦雨村이 만든 동인지 '습작시대'의 내용이 공개된 후였다. 1901년 함북 경성에서 태어난 파인은 중동중학교를 거쳐 일본 도요대학에서 영문학을 공부했다.

유학 중 관동대지진이 일어나나자 귀국해 동아, 조선일보 등에서 기자생활을 하면서 사회에 첫발을 디뎠고, 1924년 '적성赤星을 손가락질하며'라는 작품을 발표하여 문단에

---

5) '월미도 해녀요' 김동환 작. '습작시대' 1927년 전재.

합류하였고, 장편 서사시 '국경의 밤'으로 주목을 받았다.

'월미도 해녀요'는 1925년 '본회는 민중예술을 본위로 하되, 더욱 프로문학의 건전을 도모한다'는 강령(仁川流星會)을 내세웠던 진우촌이 창간한 '습작시대'에 실렸던 것이다. 그러나 제목에서부터 생경함이 묻어나온다.

개항 후의 지역사를 보면, 월미도 인근에서 약간의 양식업이 행해졌지만 해녀가 있었다는 것은 그의 시를 통해 알게 된 '금시초문의 사실' 때문이다. 미루어 짐작컨대 1920~30년대 시인들이 인천 바닷가를 한번 쓱 들러보고 써 냈던 감상주의적 시들처럼 파인 역시 그런 선상에서 '해녀'를 등장시켰던 모양이다.

시적 화자인 '해녀'는 한 달이면 보름을 차가운 바다 속에서 물질을 해야 겨우겨우 생계를 꾸리는 고단한 삶을 살고 있다. 아직도 부모를 '엄마, 아빠'라 부르는 앳된 소녀다. 그녀의 꿈은 '진주'와 '산호'로 한 바구니 캐는 일이다. 그러나 월미도 앞바다에 '진주'가 있을 리 없고, 더더구나 황해 감탕물 속의 '산호'라니 싶지만, 어디까지나 상상의 세계라 읽어 무방하다.

소녀의 꿈은 언젠가 '나룻배'의 주인이 되는 소박한 것이다. 그럼에도 삶은 가혹하다. 어린 해녀는 허구한 날 물질에서 헤어 나올 길이 없다. 그러구러 어느덧 시집 갈 나이가

〈그림 3〉월미도 조탕 전경

되었고, 이제는 부모가 자신을 '큰애기'라 부르는 것조차 받아들이기 어려운 지경이 되는 처지인 것이다. 그리하여 '배따라기'조차 목메어 부를 수 없다고 토로한다.

하지만 여전히 '월미도 해녀요月尾島 海女謠'는 허전하게 들린다. 시가 아무리 문학적 상상력의 소산이라지만, 특정 지역을 소재로 할 때는 그 역사와 현실에 무관할 수는 없는 노릇이다. 이 시가 발표된 1927년이라면 경향 각지에서 조탕과 용궁각, 벚꽃놀이 등을 즐기러 온 사람들로 전국 최대 규모의 임해유원지였던 섬 월미도가 한창 법석일 때였다. '월미도'에 '해녀海女'라니! 싶다. 김동석의 '바다'도 그 틀에서 크게 벗어나지 않는다.

> 달도 없는 밤인데
> 바다는 잠을 이루지 못한다
> 너의 가슴은 왜 저리 설레이느냐.
> 네 몸부림에
> 물고기들도 잠자리가 괴로우리.
> 밤이면 바닷가에 앉아
> 흐느끼는 사나이 하나 있음을
> 너는 아는다?

—김동석, 「바다」

평론가 김동석金東錫은 1913년 지금의 인천 남구 숭의동에서 태어났다. 아버지는 포목 잡화점을 운영했던 김완식 씨이고. 어머니 윤씨였다. '옥돌玉乭'은 그의 아명이었는데 창영초등학교 재학 시에도 그렇게 불렸다고 한다.

'창영'을 졸업하고, 1928년 '인천상업학교(현 인천고의 전신)'에 입학했으나 3학년 때인 1930년 광주학생의거 1주년 기념식을 주도하다가 퇴학당했다. 일본인 교장이 그의 재능을 아까워하여 서울의 중앙고보에 편입을 추천해 주어 그 학교를 마치고 경성제국대학(서울대학교 전신) 영문과를 졸업했다.

당시 그는 경인기차통학생회에서 고유섭(미술사학자), 신태범(의학자)과 함께 인천의 3수재라 불렸는데, 대학원에 진학하여서는 셰익스피어를 연구했다. 그가 문단에 얼굴을 내민 것은 대학 재학 중인 1937년 동아일보에 '조선시의 잔영'이라는 평론을 발표하고 나서부터이다. 대학원 졸업 후 보성전문학교(지금의 고려대) 강사를 지내다가 광복을 맞았다. 1945년 12월 광복의 혼미한 정국 속에서 문학지 '상아탑'을 만들었고, 소설가 김동리와 '순수문학 논쟁'을 벌여 문단의 화제를 낳기도 했다.

그러다가 1948년 '서울타임즈' 특파원 자격으로 평양에서 열린 남북 정당 및 사회단체 연석회의 참석차 김구 선생과 함께 평양을 방문했다. 일설에 1949년 월북했다고 하나 그의 거취가 확실하게 드러난 자료는 없다.

다만 6·25전쟁 중 인천 출신으로 서울시인민위원회 위원장을 지낸 이승엽이 그를 서울시교육감을 시켰고, 후에 미군포로수용소 소장, 서울 중앙방송국에서 영어 선무방송을 했다는 설이 있어 그에 관한 구체적인 사실 관계 조사가 필요할 듯싶다.

여기에 소개하는 '바다'는 8행에 불과한 단시다. 여기서 '바다'는 '인천 앞바다'이고, 그 바닷가에 나가 있는 서정적 자아는 김동석 자신일 것이라고 보게 된다. 그는 '달도 없는 밤'이라는 현실 인식 아래 '잠 못 이루는 바다'로 인해 물고기와 함께 나도 뜬 눈으로 밤을 지새우고 있다는 절망감을 토로하고 있다. 그러나 '바다'가 무엇을 상징하고, 그 괴로움의 근원이 무엇인지에 대해서는 진술하지 않는다. 모르긴 몰라도 식민지시대의 암울한 현실과 그에 대한 인식을 이렇게 형상화했으리라 싶다. 한 시대의 거친 소용돌이 속을 살다간 그의 삶의 편린을 엿보는 것 같다.

그밖에도 인천을 소재로 한 노래는 여럿이 있다. 1920년대 우리나라 시단을 풍미했던 정지용, 김소월, 김기림, 오장환, 박팔양, 박인환, 모윤숙 등도 인천의 바다와 섬을 소재로 한 시들을 발표했다. 그러나 그 역시 대부분이 외피적인 감상感傷에 주저앉아 있을 뿐, 인천의 자연과 인간과 그 삶을 제대로 형상화해 낸 작품은 별로 눈에 띄지 않는다. 그들의 시를 일독해 보기로 하자.

홀로 잠들기가 참말 외로워요
밤에는 사무치도록 그리워와요
이리도 무던히
아주 얼굴 조차 잊질 못해요

벌써 해가 지고 어둡는데요

이곳은 인천의 제물포 이름난 곳
부슬부슬 오는 비에 밤이 더디고
바닷바람이 춥기만 합니다

다만 고요히 누워들으면
다만 고요히 누워 들으면
하이얗게 밀어드는 봄 밀물이
눈앞을 가로막고 흐느낄 뿐이에요.

—김소월, 「밤」

조선의 서편 항구 제물포 부두
세관의 기는 바닷바람에 퍼덕거린다
잿빛 하늘 푸른 물결 조수 내음새
오오, 잊을 수 없는 이 항구의 정경이여

상해로 가는 배가 떠난다
저음의 기적 그 여운을 길게 남기고
유랑과 낭만과 망명의
많은 목숨을 싣고 떠나는 배다
어제는 홍콩 오늘은 제물포 또 내일은 요코하마로
세계를 유랑하는 코스모폴리탄

모자 삐딱하게 쓰고 이 부두에 발을 내릴 제

—박팔양, 「인천항」

수박냄새 품어오는
첫여름 저녁때

먼 해안 쪽
길옆나무에 늘어슨
전등 전등
헤엄쳐나온 듯이 깜박어리고 빛나노냐

침울하게 울려오는
축항의 기적소리 기적소리
이국정조로 펄럭 이는
세관의 깃발 깃발.

—정지용, 「슬픈 인상화」

기차
모닥불 붉음을
죽음보다도 더 사랑하는 금벌레처럼
기차는

〈그림 4〉 제물포항 전경

노을이 타는 서쪽 하늘 밑으로 빨려갑니다

밤 항구

부끄럼 많은 보석장사 아가씨

어둠속에 숨어서야

루비 사파이어 에머랄드

그의 보석 바구니를 살그머니 뒤집는다.

　　　　　　　　　―김기림, 「길에서-제물포 풍경」

저녁 한울의 바다가에

흰 모래는 깔렷는데

'키쓰'에 붉어진 처녀의 뺨 가튼
甘柑의 잔물(漣)은 춤을 춘다.

모래 우에 두 발을 뻐치고
힘업시 안저 눈을 감으니
감상(感傷)에 넘친 내 마음 바다(心海)에는
새빨간 불 물결 뛰어오른다.

불 물결 끌허 오르는
수평선 저 끗에는
자홍색(紫紅色) 노을이 겹겹히 둘렷다
그 노을 가으로, 면장을 빗내며
말업시 흘러가는
일엽편주(一葉扁舟)여!
아! 어대로 가랴나!

끗업시 흐르자!
미지(未知)의 나라로
분홍빗 가득한 그곳을 차지려
거츠른 세상에 얄미운 허세(虛僞)!
그리고, 양(羊)의 옷 입은 일희(狼)가 사는 곳.

불평과 추악이 꿈틀거리는
시컴한 '소돔'의 따 우에
저주의 불을 살라 노코서.

허위의 수평선 뒤로 두고
불물에 떠가는
동경(憧憬)의 배는
꿈으로 바라본 미지(未知)의 나라에
'에덴'의 꼿봉오리 꺽글 때까지
흐르리라.
아! 끗업시 흐르리라.

(仁川海에서 落照를 보고)

　　　　　　　　　　　　—노자영(盧子泳),「미지(未知)의 나라에」

　그렇다면, 광복 이후 인천에서 삶을 영위했던 인천의 시
인들은 과연 '우리 고장'을 어떻게 표현해 왔을까 자못 궁금
해지는 것이다. 생존 시인이라는 부담이 없지는 않지만, 그
들의 다양한 변모를 통해 인천이 문학적으로 어떻게 변모
되고, 형상화되어 왔을까? 그들의 문학이 많은 시간과 사람
들 사이에서 눅눅히 발효된 후, 그 맛과 향기를 재조명해
보는 일도 무의치는 않으리라 본다.

더 읽어볼 책들

• 김윤식, 『청어의 저녁』, 서정시학, 2007.

인천의 붙박이로 살아오면서 향토성 짙은 시들을 꾸준하게 발표해온 김윤식 시인의 작품집이다. 배경은 바다이다. 그의 시편들에는 바다를 끼고 흘러가는 한도 끝도 없는 해안선이 보이고, 어시장, 부두, 자그마한 어촌, 그리고 새우, 멸치, 농어, 박대기 등 온갖 어족들이 보인다. 또한 이번 시집은 삶과 죽음에 대한 명상이 주를 이룬다. 어류들의 삶과 죽음을 그려낸 시편들이, 시인 특유의 섬세한 관찰과 깊이 있는 사색으로 아름답고 처연하게 펼쳐진다.

• 이숭원, 『김기림: 그들의 문학과 생애』, 한길사, 2008.

시인이며 소설과 희곡도 창작하였으며 뛰어난 수필가이자 비평가였던 김기림의 평전이다. 한국문학사에서 김기림만큼 각 장르에 걸쳐 다양하고 활발한 문학활동을 보여준 문인은 거의 없다. 이 책은 시대 상황의 변화 속에서 문화의 전위에 서서 그 시대의 문제를 안고 고민하면서 문학의 활로를 열어보려고 애쓴 건전한 문화인으로서의 김기림의 생애와 문학을 논하고 있다.

• 추선진 편, 『박팔양 시선』, 지식을만드는지식, 2011.

활발한 작품 활동을 했으나, 해방 후 북한에 머물렀다는 이유로 주목 받지 못한 박팔양의 첫 번째 시집 〈여수 시초〉 중 47편의 작품을 선별하여 수록한 책이다. 시인이자 평론가로 카프와 구인회에 가담했던 박팔양의 다양한 시적 경향을 들여다볼 수 있으며, 그가 추구했던 '현실과 서정의 조화'를 살펴봄으로써 작품 속 시의 서정성과 예술성을 느끼게 해 준다.

• 황규수, 『한국 현대시와 인천 심상지리』, 보고사, 2015.

일제강점기로부터 최근에 이르기까지 인천을 소재로 하거나 배경으로 취하고 있는 시편들에 대해 지리학적 측면에서 접근한 책이다. 이 책을 통해 시인의 심상이 작품을 통해 어떻게 나타나는가를 파악할 뿐만 아니라 인천의 정체성에 대해서도 본격적으로 살필 수 있다.

섬의 생태적 정체성

홍선기

충남대학교 생물학과를 졸업하고 히로시마대학교 생물권과학연구과(환경계획학 전공)에서 이학박사를 취득하였다. 서울대학교 환경계획연구소 연구원, 국민대학교 산림과학연구소 연구위원, 동아시아생태연합(EAFES) 상임위원 등을 역임하고 고려대, 성균관대, 국민대, 목포대, 충남대 등에서 강의를 하였다. 현재는 목포대학교 도서문화연구원에서 HK교수로 재직하며 섬 생태학과 생물문화다양성, 해양환경보전 등으로 연구의 범위를 넓히고 있다. 주요저서로는 『생태복원공학』(2005), 『바닷길과 섬』(공저, 2011), 『Landscape Ecology in Asian Culture』(2011), 『Biocultural Landscapes』(2014) 등이 있다.

섬의 생태적 정체성※

1. 섬의 존재양식

섬은 바다가 있어서 경계를 넘는다. 바다를 사이에 두고 섬이 존재한다(혹은 '섬과 섬 사이에 바다가 존재한다'). 섬을 하나의 단위생태계로 바라보는 관점은 고전적인 생태학의 원리에서 출발한다. 원래 생태계는 명확한 경계가 없으며 개방계이다. 그러나 인간은 생태계를 정의하고 이해하기 위

　※ 본 원고는 2009년 정부(교육과학기술부)의 재원으로 한국연구재단의 지원을 받아 수행된 연구(NRF-2009-361-A00007)이며, 『도서문화』 제41집 329~349쪽에 발표된 논문 「섬의 생태적 정체성과 탈경계」의 원고를 저자가 정리한 것이다. 제목을 '생태적 정체성'으로 설정한 것은 섬을 자연과학의 학문적 체계인 〈생태학〉이라는 관점으로만 바라볼 수 없는 복합적인 구조와 기능, 그리고 역동성을 가지고 있기 때문이다. 따라서 저자는 생태학적이라는 용어 사용 보다는 '생태적'이라는 보다 보편적인 단어를 사용하고자 한다.

하여 인위적으로 경계를 설정하였다. 큰 섬의 경우, 농업, 산림, 과수원, 양식장, 습지, 마을 등 서로 이질적인 공간으로 구성된다. 이처럼 이질적 토지공간을 개별적으로 생태계 혹은 생태계 경관으로 표현한다. 생태학은 생물과 환경(인간환경 포함) 간의 상호작용과 효율성을 연구하는 분야이고, 그것은 일종의 경제적 지표와 같은 것으로 평가를 한다. 생태학Ecology과 경제학Economics은 그런 의미에서 같은 출발을 보이고 있다. 앞서 논의하였던 해양의 특성이 섬의 정체

〈사진 1〉 그리스 산토리니 제도의 화산섬 *Palea Kameni* A.D. 46~47, 726의 화산폭발로 형성된 섬으로서 생물다양성의 전파를 연구하는데 중요한 조사지로 평가받고 있다. (사진: 2009년 5월 26일 필자 촬영)

성에 영향을 주는 것과 마찬가지로 섬의 생태학적 정체성을 이해하기 위해서는 해양이라는 거시적 엔트로피(경제)의 역동성을 이해한다.

육상생태계에서 인간의 토지이용 활동과 그것에 의한 모자이크 경관의 형성에 대한 연구가 진행되면서 생태학과 지리학 사이의 학문적 연계를 통하여 경관생태학이라는 융합학문이 탄생한 것처럼 섬에 대한 학제적 융합연구는 오히려 '섬'이라는 제한된 공간을 대상으로 하기 때문에 매우 용이하다. 최근 인문학에서는 인문학과 자연과학과의 사이에 다양한 분야에서의 연계를 시도하고 있다. 소통, 교류, 통섭, 융합 등 다양한 방법, 그야말로 학문적 경계를 넘는 시도인 것이다. 경관, 문화, 생물지리, 미학, 철학 등 인문학과 자연과학 관련 학제가 다양한 만큼 '탈경계'의 의미를 함께 공유하고 해석해서 적용한다는 것은 쉬운 일이 아니다. 그러나 섬을 어떻게 바라보는가에 대한 인식론적인 부분이 탈경계론에 대한 논의의 시작이 될 것 같다. 바라보는 섬이 추상적 대상으로서의 섬인지, 아니면 실증적이며 실존적 대상으로서의 섬인지에 따라서 우리가 논의하고자 하는 '섬과 섬 사이'의 '경계'와 '탈경계'에 대한 개념을 함께 공유하는 사고의 범위가 결정될 것이다.

2. 섬의 생물지리학

섬의 정체성을 논의할 때 늘 고민하는 부분이 섬의 이중적 특성이라고 할 수 있다. 즉, 고립성과 소통성이다. '고립성' 바다라는 환경적 배경에 의하여 연결성이 결여된 독립된 형성체로서의 '섬'을 이해하는 지리적 인식특성을 반영한다. '소통성'은 고립된 섬 환경을 다양한 목적과 원인에 의하여 왕래하고 이주함으로서 나타나는 인간의 능동적 행위 속에서 발휘되는 적극성이다. 인간이 바다와 섬을 거치며 표류하거나 섬에 들어와 거주하게 되는 입도와 같이 섬과 섬의 왕래와 이주에 대한 것은 다양한 생물에게도 적용된다.

생물에게는 섬의 이중적 특성이 생존과 분포에 의미 있는 요인으로 작용한다. 생물은 고립된 섬의 환경에 적응하면서 새로운 유전적 특성을 발휘하며 진화한다. 갈라파고스나 하와이, 이스터 섬과 같이 대륙에서 멀리 떨어져 고립된 섬의 경우, 그 섬에 서식하는 생물종의 고유성은 90%를 넘는다. 즉 전체 생물종 다양성에서 그 섬에만 서식하는 고유종으로 점유하고 있는 비율이 높다는 것이다. 그러나 인간이 그 섬에 정주하게 되면서 곡류나 채소, 가축 등 새로운 생물종을 도입하고 개발하였기 때문에 이러한 외래 생물종의 이입에 의하여 고유종과의 경쟁, 서식처의 잠식 등에 의하여 특별한 섬의 생물다양성은 감소하고 있다. 또한 고립된 섬에 서식하는 생물들의 경우, 근친교배의 확률이 높아지면서 열성유전자의 발현이 증가하는 특성을 보인다. 즉 척박한 환경 속에서 다른 생물종과의 경쟁을 통한 종의 선택이라기보다는 종내 유전풀에 의존하는 내재적인 특성으로 진화한다. 그러한 결과에 의하여 생성된 고유종들은 급격한 기후변화, 인간 활동, 외래종 유입에 의한 서식지 생태계의 변화 등 환경에 적응하지 못하고 소멸되어 가고 있다. 한편 고립된 섬에 정착할 수 있는 생물들의 종류와 살 수 있는 개체 수는 매우 한정된다. 따라서 대량의 번식의 경우, 배출지sink로서의 이웃섬이 없을 경우, 그 생물개체군은 자원고갈에 의하여 소멸될 수 있다. 독립된 섬으로 구성되어 있는지, 즉 다도해인지 아니면 독립된 고립섬인지에 따라서 생물들에게는 생명을 유지하는 자원과 공간, 그리고 유전자 확산에 필요한 capacity를 차지하게 되는 것이다. 이처럼 섬 생물지리학적인 관점에서 섬 정체성에 대한 많은 부분은 섬의 지리적 특성, 즉, 섬의 생성연대, 섬의 크기와 모양, 섬 군집성, 그리고 본토(대륙)와의 거리 등 물리적 영향이 크게 좌우한다고 볼 수 있다. 섬 생물다양성의 경계는 섬의 지리적 배치와 고유한 물리적 특성(지질, 해류), 섬과 섬

〈사진 2〉 전남 신안군 신의면 소기도의 갯벌과 김 양식장. 섬과 섬을 연결하는 또 다른 생태 공간. 한국의 섬(일부 외양의 섬 제외) 대부분은 갯벌의 유무에 의하여 섬의 존재양식, 정체성, 그리고 생태적, 공간적 다양성이 결정된다. (사진: 신안군 제공)

사이의 환경적 특성에 의하여 설정된다. 지구의 난류와 한류의 해류는 해양생물의 이동에 매우 중요한 역할을 하고 있다. 쿠로시오해류에 의한 동남아시아 생물상의 동북아 이동로를 비롯하여 계절별, 대륙별 해류의 교차는 해양대륙의 경계를 뛰어 넘는 거대한 생물군집의 이동에 중요한 컨베이어 역할을 하고 있다.

3. 섬 생태계: 갯벌의 역할

바다는 섬의 소통과 고립을 결정하는 요인으로 역할을 하고 있지만, 우리나라 서남권 다도해의 '갯벌'은 과연 어떤 역할을 하고 있는가? 갯벌은 육지와 바다사이의 문화전파의 완충적 역할을 하는 것인가? 우리가 섬의 정체성을 논의할 때 섬과 바다라는 두 가지 속성에 의하여 섬의 고립과 개방의 이중성을 강조하고 있지만, 갯벌이라는 대규모 이질적 환경이 결합된 섬의 경우 기존의 개방과 고립의 섬 특성 사이의 또 다른 경계를 만들어 가는 것이 아닐까 생각된다.

생물학적인 측면에서는 원칙상 고립된 섬은 없다. 생물은 다양한 방법으로 섬에 도달한다. 씨앗의 경우 수십 킬로, 혹은 수백 킬로를 바람을 타고 이동하거나 해류에 떠밀려 이동한다. 바다생물의 경우는 마찬가지이다. 종자들이나 해양생물들이 해류에 의하여 이동하는 것을 "해류산포海流散布"라고 한다. 새들의 경우는 더욱 이동거리가 대단하다. 우리나라 다도해에 머무는 대부분의 철새들은 호주와 시베리아를 왕복하는(개략 편도 5,000킬로미터) 종류들이 많다. 철새들은 호주에서 대량의 영양분을 섭취하지 않으면 한반도를 올 수가 없다. 이러한 철새들에게 갯벌은 장시간 대륙의 바다를 건너서 또 다른 대륙으로 이동할 수 있도록 영양분과 휴식을 제공하는 사막의 오아시스와 같은 절박한 공간이다. 인간에게 해양은 대륙과 대륙을 구분하는 경계이며, 철새들에게는 새로운 생명의 탄생을 위하여 뛰어넘지 않으면 안 되는 절박한 경계이다. 그럼에도 바다위의 섬과 갯벌은 철새들에 의하여 소통되고 또한 교류된다. 해양공간을 바라보는 인식은 인간과 철새가 같을 수는 없다. 인간은 진화하면서 주로 수평적인 관점에서 바다를 바라봐 왔고, 새들에게는 수직·수평의 공간을 모두 이용할 수 있는 탁월한 능력을 갖도록 진화하였다. 육지와 다르게 바다는 또 다른 바다로 연결되어 있고, 무경계라는 개념이 인식된 것은 인간의 긴 진화과정에서 그다지 오래되지 않은 신지식이다. 그러한 인간에게 갯벌은 해역과 육역을 구분할 수 있게 하는 수평적 경계이며, 바다와 섬의 완충지대이다. 이처럼 경계에 대한 인식과 시야의 범위는 다르지만, 인간과 자연, 생물 모두 경계를 형성하기도 하고, 또한 만들어진 경계를 넘기도 한다.

해양과 육역의 모든 대지에서 나타나는 물리적 경계physical boundary는 그것의 폭과 길이, 높이에 의한 삼차원적인 특성을 가지고 있다. 이 세 가지 특성은 경계의 구조와 기능을 결정한다. 갯벌섬이 있는 다도해와 흑산면 도서의 문화적 연계성을 비교하거나 갯벌섬 자체의 특성을 비교할 때(특히 생태문화적 특성을 논의할 때), 이러한 갯벌의 유무와 형성과정, 경계의 삼차원 구조, 섬과 섬 사이의 소통과 교류, 그리고 생태적 복잡성은 갯벌섬의 정체성을 결정하는데 중요한 역할을 한다. 즉, 우리가 일반적으로 논의하는 섬의 정체성과는 차원을 달리하는 것이 갯벌섬의 사례이며, 따라서 섬 정체성에 대한 "일반론"을 넘어서는 탈경계적 개념 정리가 필요하다는 것이다. 그것을 위해서는 갯벌이 생태적이며 물리적인 경계를 가지고 있음과 인간이 그 경계를 인식하고 그것의 생태적 역할에 대하여 심층적으로 인지하고 있음을 동시에 함유해야 할 것이다. 갯벌은 섬과 바다사이의 물리적 경계뿐 아니라 새로운 자연계에 대한 인식론적인 경계를 뛰어 넘는 실존적 자연체계의 사례라고 할 수 있다. 특히 서남권 갯벌섬의 경우는 갯벌을 통하여 섬을 이해하고 바다를 이해하는 총체적인 관점holistic view의 해역경관seascape 이라는 사실을 주지할 필요가 있다. 따라서 일본이나 주요 한자권 학자들이 '바다 생활을 하는 사람'의 의미로서 사용하는 몇 가지 용어, 예를 들면, 漁民, 海人, 蜑, 漁夫, 漁父, 漁師의 용어 속에서 과연 '갯벌인'의 개념이 확실하게 정리된 용어가 있을지에 대하여 검증이 필요하다. 현재로는 우리나라 서해바다와 같이 갯벌에서 다양한 생물을 채취하며 생활하는 사람들에게 적절한 용어는 없는 것 같다. 서해의 많은 도서에서 확인되듯이 인접하고 있는 섬의 경우라도 갯벌의 유무와 해류, 조류의 차이에 의하여 바다를 적극 활용하는 섬 주민(어민)과 갯벌에 대부분 의존하는 섬 주민(갯벌인)으로 구분이 되는 것을 알 수 있다. 이러한 사회문화적 차이점은 동일 섬에서도 확인할 수 있다. 이미 서남권 갯벌 섬 지역 주민들은 갯벌의 물리적 경계 속에서 오히려 경계를 이용하며 살고 있음을 알 수 있다. 갯벌섬으로 대표되는 다도해 섬(흑산면 제외)에 대한 통시적 관점과 바다(해역)와 섬(육역), 그리고 갯벌(접점)의 세 가지 조각으로 구분할 수

〈사진 3〉 전남 여수 사도의 갯바위. 썰물을 기다렸다가 해산물을 채취하는 관광객들. 비록 썰물 시간은 짧지만, 섬을 찾는 도시인들에게는 이 순간은 영원히 추억으로 남을 것이다. (사진: 2013년 4월 27일 필자 촬영)

있는 부분적 시각을 갖게 된다. 갯벌은 바다와 섬 사이의 경계성을 형성하는 고립의 원인이기도 하지만, 갯벌속의 생물을 채취해온 전통문화를 통하여 섬과 섬 경계를 넘는 소통의 공간이라는 사실은 갯벌섬에서 생활하는 섬 주민들에 의하여 이미 개념화 되었다.

4. 섬 생태계서비스: 생물문화다양성

시·공간이 명확한 기존의 섬 이론이 탈경계의 연구에 어떤 기여를 할 수 있는지에 대하여 논의하는 것은 갯벌이라는 이질적 매트릭스로 둘러싸인 다도해 섬을 이해하는데 도움이 될 것이다. 섬 연구에서 시작되어 발전된 경관생태학이나 생물지리학의 학문은 고전적인 생태계 개념과는 다르게 인접 생태계와의 상호관계의 중요성이 인식하고, 생태계 사이의 경계가 매우 유연하며 경계를 통하여 다른 생태계와 교류하며 소통한다는 새로운 개념이 정립되면서 확립되었다. 즉, 하천생태계의 수질은 주변 농촌에서 유입된 농약이나 비료 등에 의하여 화학적 부영양화나 오염이 발생하게 된다.

하천생태계로 유입된 농약이나 비료, 그리고 부영양화에

의하여 발생한 오염된 물질은 하천유역을 타고 하류에 도달하게 된다. 이 시점에서 하천생태계는 갯벌과 만나게 되는 하구역의 생태적 건강성을 결정하는데 중요한 역할을 하는 것이다. 다시 말하면, 바다와 인접한 연안생태계(갯벌)의 생태적 건강성은 결국 상류 하천의 건강성과 생태계 보전에 의하여 결정된다는 것이다. 연안의 오염된 물질들은 결국 조류와 해류에 의하여 인접 지역과 국가로 파급되어 연쇄적으로 오염의 농도가 확산되게 된다. 2011년 3월 일본 동북부 대지진과 지진해일에 의하여 후쿠시마 원자력발전소의 핵시설이 파괴되고 고농도의 방사능물질로 오염된 물이 바다로 쏟아지면서 후쿠시마 일대의 해양과 연안지역의 생태계는 거의 파괴되었다. 방사능 물질은 바다와 대기 중으로 이동하였고, 동북아시아 주변 국가들에게도 적지 않은 영향을 미치게 되었다.

이처럼 생물 시스템은 환경이라는 경계를 뛰어넘고 타시스템과 연계하면서 새로운 시스템을 창출해 가고 있다. 갯벌섬에서 갯벌의 역할은 섬과 섬, 연안과 바다, 하천과 바다 등 서로 다른 특성의 생태계를 연결하는 매개체이며 물질과 인간을 소통시키는 생태막ecological membrane이다. 그런 의미에서 다양한 생물생태계, 다양한 토지이용, 다양한 인간활동(문화경관)에 의하여 형성되는 경관모자이크 이론의 갯벌(혹은 갯벌섬, 다도해)에의 적용에 대한 논의가 급속하게 발전해 왔다. 특히 환경에 미치는 인간의 활동이 시·공간적인 경계를 넘어 확대되고 있으며 생태계에 미치는 영향도 대규모로 발생되면서 기존의 고립된 단위로서 이해해온 "생태계"를 외부 환경과의 빈번한 교류와 접촉하는 개방계open system로 인식하여 관련된 새로운 학문들을 개발하고 있다. 생물의 분포와 인간의 이용은 밀접한 상호작용을 가지고 있으며 자연과 인간의 상호작용이 문화를 창조한다. 기후변화와 무분별한 개발에 의하여 생태계의 서식처가 사라지고 환경이 파괴됨으로서 전통문화를 유지해오는데 기여했던 고유생물들이 사라지고 있다.

생물다양성의 주요 관점은 주로 종, 서식처, 그리고 생태계로 구분되지만, 생물상에 미치는 인간의 영향은 경관규모와 지구규모에서 발생하고 있다. 따라서 생물다양성이라는 생물학적 개념을 뛰어넘는 생물문화다양성에 대한 개념과 인식의 확산이 필요하다. 특히 생물다양성과 문화다양성을 모두 창출하는 경관의 다양성은 자연자원을 바탕으로 전통생활과 밀접하게 연관되는 인간 생존의 공간을 다룬다. 생물문화는 경관이라는 공간을 통하여 형성되고, 발전되며, 또한 변화한다. 전 세계에서 나타나고 있는 중요한 보호구역이나 성소와 같은 지역은 바로 생물이용에 대한 지혜가

〈사진 4〉 하늘이 섬 주민에게 준 선물인 천일염. 천일염은 바닷물을 모아서 태양열에 의해서만 건조하여 제조하기 때문에 무기물이 풍부하여 맛이 좋다고 한다. 전남 신안군 다도해는 섬과 갯벌의 생물문화다양성이 인정되어 2009년 우리나라 세 번째로 유네스코 생물권보전지역으로 지정되었다. (사진: 2011년 9월 22일 필자 촬영)

인간의 오래된 역사 속에서 문화라는 체제regime 속에 투영되면서 나타나는 곳이다. 주민들은 이러한 곳을 보호하고 있고 이곳이 마을의 정체성을 나타내는 곳으로 인식하고 있다. 오늘날 생명의 다양함에는 기존의 생물다양성biological diversity뿐 아니라 자연에 대한 인식, 가치, 지혜와 같은 문화다양성cultural diversity까지 포함하고 있다.

5. 맺음말

생물과 문화는 서로 상이한 속성이지만, 인간은 자연에 의존하면서 거듭 발전해 오고 있으며 자연자원의 활용 없이는 존재할 수 없다는 숙명적인 의존관계에 있기 때문에 자연과 인간의 공존의 의미로서 '생물문화다양성'이라는 용어가 창조되었다고 본다. 이처럼 인간과 자연은 생태시스템 속에서 상호 의존하고, 접촉하며, 또한 보완해 왔음은 부정할 수 없는 사실이지만, 최근 급변하는 지구환경변화와 난개발, 생물다양성 감소 등에 의하여 그 연결점이 쇠퇴하고 있음을 정부, 연구자, 시민 그리고 전문가가 깊이 이해할 필요가 있을 것이다. 이스터섬의 인류사에서 보는 바와 같이 미래의 인간의 생존은 생물다양성에 크게 의존할 것이며, 이러한 생물다양성과 문화다양성과의 상호관계에서 나타나는 생태문화적 유연성과 지속가능성은 미래 인류의 존재를 지원할 수 있는 생태계와의 조화로운 공존의 모델로 이용될 것이다.

섬의 생물문화다양성 보전과 관련하여 국내외로 다양한 활동을 하고 있다. 우리나라에서는 2012년 9월 제주에서 개최된 제5차 세계자연보전총회wcc에서는 기후변화와 개발

과정에 매우 취약한 섬-연안 지역에서의 생물다양성의 보전과 문화자원의 지속가능한 활용을 논의하여 『아시아-태평양 섬-연안 전통생태지식 보전을 통한 생물문화다양성의 확산』이라는 주제의 발의안이 제안되었으며, 결의안으로 통과되었다. 〈표 1〉은 그 발의안 내용으로서 지구적 규모의 섬과 연안시스템이 처한 문제점을 극복하고 생태지식을 보전하고 전승하면서 생물문화다양성을 확산시키고자 하는 종합적인 내용을 담고 있다.[1]

〈표 1〉 2012년 제주에서 개최된 IUCN총회에서 채택된 결의안(IUCN Resolution 5.115)

아시아태평양 섬-연안 지역의 생물문화다양성과 전통생태지식 확산

• 아시아 태평양 지역의 섬 생태계에서 발생하고 있는 급속한 변화는 기후변화에 의한 어장의 변화, 거대지진과 해일 등과 같은 자연 재해 뿐만 아니라 과도한 어업 활동과 해양오염 등으로 인해 생물문화다양성의 소실을 초래하고 있음을 인식해야 한다.

• CBD의 Article 8j에서는 생물다양성의 지속가능한 활용과 보

---

1) 홍선기, 「섬의 생태적 정체성과 탈경계: 생물다양성과 문화다양성의 접점에서의 이해」, 『도서문화』 41, 목포대학교 도서문화연구원, 2013.

전에 대한 전통지식의 중요성을 강조하고 있다. IUCN은 세계의 생물다양성과 문화다양성이 상호 연계되어 있음을 인식하고 관련된 다양한 사업을 추진하고 있다.

- 섬과 연안지역에서 전통생태지식을 바탕으로 한 생물다양성의 현명한 이용을 위한 보전모델과 관련된 토론과 활동의 발전이 필요하다. 급속한 기후변화와 무분별한 자원 착취에 의한 생태계 파괴 등 생태계변화는 전통 생태-문화에 영향을 미친다.

- IUCN위원회 내에서의 전문 기관 설립은 아시아-태평양 섬-연안 지역의 생물문화다양성의 보전을 향상시키기 위해 매우 유용한 계기가 될 것으로 확신한다.

제주에서 2012년 9월 6일부터 15일까지 열리는 제5회 자연보전 총회에서는,

1. 유엔의 기관 회원과 IUCN 내에 아시아-태평양지역의 회원국들은 섬-연안지역의 생물문화다양성의 고유성과 희소성을 인식하고 전통생태지식과 생물문화다양성의 보전을 위한 활동을 적극적으로 지원하고 이를 위한 참여를 촉구한다.
2. IUCN회원, 지방정부와 시민단체는 섬과 연안지역에서의 생

물자원의 현명한 이용을 위한 전통생태지식의 중요성을 인식하고 전통생태지식과 생물문화다양성의 보전과 발굴, 그리고 확산을 위해 노력을 경주하여야 한다.

3. 따라서 아래의 두 가지를 요청한다.

(a) 섬-연안지역의 생물문화다양성과 전통생태지식의 보전을 위한 UN내에 회원 국가와 IUCN회원국들의 참여를 증진시킴과 동시에 이를 위한 홍보와 지원을 위한 국제적 대회를 제안하고 준비하기 위한 조직체 구성을 촉구한다.

(b) IUCN위원회는 섬 특별 위원회를 창설하고, 그것이 섬-연안 지역에서의 생물문화다양성과 전통생태지식의 보전과 발전에 대한 책임을 갖고, 관련 연구 기관과 시민 단체 활동에 대해 지원을 해야 한다.

또한, 제주에서 2012년 9월 6일부터 13일까지 열리는 세계자연보전총회(WCC)를 통해 2013년부터 2016년까지 IUCN프로그램의 구현을 위해 다음과 같은 지침을 제공한다.

IUCN회원, 위원회와 총재는 CBD와 유네스코 등 관련 기관과 함께 전문 인문학자를 포함한 섬-연안 생물문화다양성 보전 정책 및 실천에 관한 전문가가 이끄는 "아시아-태평양 섬 생물문화다양성 발의"의 설립을 위해서 함께 협력할 것을 촉구한다.

- 후원: 한국생태학회
- 공동협찬: 환경부, 한국자연보전협회, Terralingua(캐나다), Tonga Community Development Trust(통가), Small Fishers Federation(스리랑카)
- 기타지원: 한국환경생태학회, 한국환경교육네트워크, 국립공원관리공단, The Christensen Fund(미국)

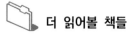

더 읽어볼 책들

- 리차드 포먼(Richard Forman), 홍선기·김동엽 옮김, 『토지모자이크-지역 및 경관생태학』, 성균관대학교출판부, 2002.

현대 생태학은 광역의 공간속에서 발생하는 생태적 문제를 연구하고 해석하는 것이 추세이다. 공간연구의 발상은 육상에서 뿐 아니라 바다, 즉 섬의 연구를 통해서도 발달해왔는데, 특히 섬 생물지리학에 근거하여 발달한 경관생태학은 육상과 해상을 연계할 수 있는 생태학적 방법을 사용하고 있다는 점에서 매우 중요하다고 볼 수 있다. 초보자가 읽기에는 어려운 경관생태학 전문서적이다.

- 김준, 『김준의 갯벌 이야기』, 이후, 2009.

갯벌에 의지하여 살고 있는 섬 주민들의 생활을 저자가 직접 답사를 통하여 기록한 갯벌 섬의 생활사. 전국 각지의 섬 갯벌의 해양자원을 이용하여 살고 있는 주민들의 민속, 생활, 역사 등 인문적인 내용이 풍부하게 실려 있다. 갯벌 주민의 삶을 이해할 수 있는 일반서적이다.

- 아키미치 토모야 편저, 홍선기 옮김, 『海人의 세계』, 민속원, 2015.

아시아 태평양 섬 지역의 어민의 형성과정과 생태문화, 환경사적 특성을 주제별로 간단하게 정리한 책이다. 일본에서는 바다에서 일하는 민중을 海民, 海人, 漁民, 漁父 등 다양하게 부르고 있으며, 또한 물속에 잠수하여 작업하는 사람들도 남성과 여성에 따라 다르게 정의한다. 우리나라는 삼면이 바다로 둘러싸여 있지만, 거의 대부분의 섬은 반농반어의 경제활동을 하고 있고, 또한 갯벌의 유무에 따라서도 생활방식이 다르기 때문에 아마도 세계에서 제일 복잡한 바다생활양식을 갖추고 있지 않을까 생각된다.

인문학시민강좌 06

바다와 섬의 인문학
: '지구(地球)'에서 '해구(海球)'로의 인식 전환

ⓒ 인하대학교 한국학연구소, 2016 Printed in Incheon, Korea

1판 1쇄 인쇄 ‖ 2016년 12월 15일
1판 1쇄 발행 ‖ 2016년 12월 30일

엮은이_인하대학교 한국학연구소
펴낸이_홍정표

기 획_인하대학교 한국학연구소
　　　　주소_22212) 인천광역시 남구 인하로 100
　　　　전화_032) 860-8475
　　　　홈페이지_http://www.inhakoreanology.kr

펴낸곳_글로벌콘텐츠
　　　　등록_제25100-2008-24호
　　　　이메일_edit@gcbook.co.kr

공급처_(주)글로벌콘텐츠출판그룹
　　　　편집디자인_김미미 기획마케팅_노경민 이종훈
　　　　주소_서울특별시 강동구 천중로 196 정일빌딩 401호
　　　　전화_02) 488-3280 팩스_02) 488-3281
　　　　홈페이지_http://www.gcbook.co.kr

값 12,000원
ISBN 979-11-5852-135-6 04300
　　　978-89-93908-12-1 (set)

※ 이 책은 본사와 서사의 허락 없이는 내봉의 일부 또는 선체의 부난 선새나 복세, 광선사 배체 수록 능블 금합니다.
※ 잘못된 책은 구입처에서 바꾸어 드립니다.